곤고한 날에는 이 책을 본다

내 영혼을 만지고 간 책들

김병종

너와숲

아들아!

네게 당부한다.

말씀을 읽고 기도하는 일을 결코 소홀히 하지 말아라.

하나님의 섭리는 오묘하시다.

고난도 축복이니 고난 중에는 오히려 기도하고

기도 후에는 감사하라. 네 삶을 감사로 채워라.

내 어머니의 당부 중에서

일러두기

1. 본 책자의 원고는 저자가 〈국민일보〉에 연재했던 원고를 모으고,
일부 새로 쓴 원고를 함께 구성했습니다.

2. 책을 보시는 독자들도 저자가 참고한 책을 쉽게 찾아보실 수 있도록
본문 시작에 책 제목을 포인트 색을 넣어 디자인했습니다.

3. 책 마지막에 참고 서적 리스트를 별도로 정리해서 일목요연하게
보실 수 있도록 했습니다.

책머리에

나는 대각선으로 읽는다. 그 대

각선 속에서 튀어 올라오는 한두 개의 개념어만 확인하고 페이지를 넘긴다. 그래서 가공할 정도의 빠른 시간에 책 한 권을 끝낸다. 읽는다기보다는 눈으로 지나간다는 편이 나을 것이다. 책이 귀하던 시절, 도서관이나 타인에게서 빌려온 책을 빨리 보고 돌려주어야 한다는 강박 때문에 붙은 습관이다. 그렇다고 건성건성은 아니다. 정독하는 쪽보다 기억의 저장고에는 내용이 더 선명하게 남아 있다. 사실 수많은 저술가들이 수많은 책을 쓰지만 저마다 한두 개의, 혹은 몇 줄의 핵심적 개념이나 문장으로만 기억될 뿐이다. 일테면 C. S. 루이스Clive Staples Lewis의 '고통'을 다룬 책은 "고통은 하나님의 확성기"라는 한 줄로 기억되며, '고대 인도의 치유 과학인 아유르베다와 현대 의학을 접목한 의학철학자 디팩 초프라Deepak Chopra의 30여 권 저서를 관통하는 단 한 줄은 "만물에는 지성이 있다"이다.

물론 아침에 일어나면 검투사처럼 붓 한 자루 들고 화실로 간다. 책을 잡는 것은 주로 밤 시간이다. 읽다가 나무토막처럼 쓰러져 혼곤히 잠이 든다. 그림은 커튼처럼 아침을 열어주고 글은 정령처럼 침소를 엄습한다. 원 없이 그리고 읽으며 산다. 그래서 행복하다.

특별히 소설가 김승옥 식으로 말하면 나는 거의 반평생 넘도록 밤사이에 진주해온 점령군 같은 책들에 포위되어 지내왔다. 스스로 즐거운 포로가 되었다고 하는 편이 나을 것이다. 이른바 저 인생 삼노三奴 중의 하나인 서노書奴인 셈.

때로 읽는 것은 걷는 것과 같다는 느낌이 들기도 한다. 야생화 핀 들길, 산길이며 햇빛 쏟아지는 하얀 신작로까지 문학과 역사와 예술과 철학의 길은 길에 이어지며 끝이 없다. 책으로 난 길을 통해 온갖 기화요초琪花瑤草를 보며 걷는 것이다. 그러나 다른 한편, 책은 내게 탐닉이다. 고약한 탐닉이다. 밖엔 눈이 풀풀 내리는데 난로 위의 주전자 물이 푹푹 끓던 내 소년 시절, 헌책방 낡은 의자에 파묻혀 읽고 또 읽어대던 이후부터 굳어진 탐닉이다. 어찌 보면 책 읽기의 습벽에 관한 한 열서너 살로부터 나는 한 발짝도 앞으로 내딛지 못한 형국이다. 그 탐닉이 아니었던들 좀 더 빼어난 화가가 되지 않았을까. 혼자서 가끔씩 해보는 생각이다.

내게 읽는 일은 시스템의 문제이기도 하다. 콘텐츠가 장소성과 연결된 시스템이다. 몇 처소에 종류별로 책을 쌓아놓고 밭갈이하는 농부나 길쌈하는 아낙처럼 일삼아, 혹은 오며 가며 읽는다. 첫째, 학교 연

닭이 우는 시간은 통곡의 시간이다.

늦게 깨닫는 자가 회한의 눈물을 흘리는 시간이다.

구실, 여기서는 주로 동양학이나 미술 관련 책들을 읽고 그런 책들로 어지럽다(학교를 떠나면서 이 부분은 사라졌다). 둘째, 집 서재. 1, 2, 3 세군데 벽에 종류별로 쌓아놓고 벽에 기대앉아 읽는다. 그렇게 읽기 위해 집을 지을 때 아예 공간을 잘게 쪼개 여러 개로 만들었다. 내 등이 그대로 벽과 붙어버린 느낌이 들 때까지 옛날 만화방 구석에 기대앉아 있었던 때처럼 읽는다. 셋째, 욕실에 쌓아놓고 따끈한 목욕탕 물에 잠겨 읽는다. 주로 여행, 건강, 종교 관련 책들. 채 한 권을 다 읽기 전(대각선으로 읽어내는 속도감 덕분이다)에 이마엔 땀이 송골송골해져 반신욕 효과까지 거둔다. 넷째, 화실. 미술 및 건축 관련 책들로 심히 어지럽다. 붓질을 하다 차 한 잔 마실 때 건성건성 읽는다. 자연, 물감이 군데군데 묻어 있어 화구처럼 된다.

이 책은 그렇게 읽은 것들 중 '내 영혼을 만지고 간 책들'의 일부를 모은 것이다. 그중 상당수는 〈국민일보〉에 연재되었던 〈내 영혼의 책갈피〉에 실렸던 것들이다.

갈수록 영혼과 죽음에 관한 책들에 마음이 간다. 나이가 그쪽으로 기울어간다는 증거다. 예전엔 건너뛰었던 것들이다. 내 독서 이력은 대체로 문학, 미술, 여행, 종교, 철학, 역사, 건강 등 주제별로 사이클을 이어온 것 같은데, 그중에 영적인 내용들의 책을 골라본 것이 이 책이다. 요약본처럼 내 글을 통해 독자들이 마치 스스로 읽은 듯한 느낌이 들게 하는 것이 목표다. '해석 음악'처럼 읽는 이는 나만의 책 읽기로 해석한 책을 읽는 셈이다. 그래서 간혹 내 렌즈의 빛깔과 취향이 얹혀 원작의 의미를 왜곡시키거나 반감시킨 경우도 있을 것이다.

살면서 계속 찔리는 부분이 있다. "살리는 것은 영이나 육은 무익하니라"(요한복음 6장 63절)라는 성경 말씀이다. 내 반생은 육肉적 토대 위에 세워진 것들이지만, 지상의 남은 날들을 어렴풋이 계수해보며 이제는 세 번째 삶, 다른 나라를 준비하기 위한 영적 참고서 쪽으로 독서의 방향을 꺾을 때가 되었다는 생각이다. 그렇다. 장차 어디에서 영원을 보낼 것인가의 문제가 대학 입시를 앞둔 수험생에게처럼 압박해 오는 나이가 되었다. 어쨌거나 삶이 못 따라가니 하늘나라를 안내하는 참고서들이라도 부지런히 읽어두고 싶다. 그러고 보면 이 책들은 다른 누구도 아닌 영적 지진아인 나를 위한 독학서인 셈이다. 읽는 이들이 공감해준다면 더더욱 좋은 일이다. 낡은 앉은뱅이책상 앞에 더 낡은 성경을 펼쳐놓고 읽고 또 읽던 내 어머니의 야윈 등이 생각난다. 그 연약한 등이 바위만큼 강하게 떠오를 때가 있다. 나 또한 그렇게 된다면 얼마나 좋을까. 이래저래 모든 것이 하나님께 영광이다.

2022.12. 송와松窩에서

차례

4장 네 삶을 감사로 채워라

1장 ——— 하나님의 섭리는 오묘하다

어찌 알랴, 토기장이의 비밀

라울전

그런 사람이 있다. 별로 애쓰지도 않는데 인생이 술술 풀려나가는 사람, 크게 노력하는 것 같지도 않은데 늘 저만치 앞서가는 사람. 안간힘을 써도 도저히 따라잡을 수 없을 것 같은 사람. 가까이에 그런 사람이 있어 평생 동행해야 한다면 결코 유쾌한 일은 아니다.

가마리엘 문하의 사울이 바로 그런 인물이었다. 이 책은 신화와 전설처럼 남아 있는 두 사람의 사연을 소설 형식으로 엮은 것이다. 대석학 가마리엘 밑에는 라울과 사울이라는 두 수제자가 있었다. 라울은 온유하고 성실했으며 진지하고 사려 깊었다. 게다가 신앙적으로도 무엇 하나 흠잡을 데가 없는 사람이었다. 무엇보다 두루마리 책의 해석에 정통했다. 사울은 반대였다. 두뇌는 좋았지만 기회주의적이었고 다혈질이었으며 충돌과 실수가 많았다. 그럼에도 불구하고 라울은 사울에게 남모르는 열등감을 가지고 있었다. 그 불성실하고 충동적인 인간이 온화하고 온유하며 매사에 신중하고 성실한 자신을 늘 한 발짝 앞서가고 있다는 강박 때문이었다.

자신에게 없는 그 어떤 빛 같은 것이 사울에게는 있다는 사실을 그는 알았다. 바로 이 부분이 부러웠으며 두렵기까지 했다. 이를테면 내일 저명한 율법학자들 앞에서 테스트가 있다고 스승이 말하면, 라울은 밤이 이슥하도록 공부를 한다. 그런데 실컷 쏘다니다 온 사울은 공부하는 그의 곁에서 잠시 무릎 꿇고 기도하는 체하다가 확 책을 펼쳐 몇 줄 읽고 가는데, 시험은 어김없이 그곳에서 출제되는 식이었다. 그럴수록 라울은 사울에게 지지 않기 위해 사력을 다해 노력했지만, 이 요령꾼은 늘 저만치 앞서가며 뒤처져 오는 라울을 돌아보는 것이었다. 모차르트를 바라보는 궁정악장 살리에리처럼 라울은 착잡함 이상의 감정을 가지고 그런 사울을 바라보았다.

그 무렵, 이상한 소문 하나가 들려왔다. 머나먼 시골 나사렛이라는 곳에서 한 목수의 큰아들이 이적과 기사를 행하며 예루살렘 쪽으로 오고 있다는 소문이었다. 그런데 문제는 민중 사이에 그 목수의 아들이 메시아일지도 모른다는 이야기가 번지고 있고, 이것이 종교지도자들에게 상당한 두통거리가 되고 있다는 사실이었다. 히브리 율법에 통달한 라울은 그가 진정 열왕기 계보상의 메시아일 수도 있다는 직감을 받았다. 그러나 대세는 전혀 목수의 아들 쪽이 아니라는 데 그의 고민이 깊어갔다. 허다한 종교지도자와 율법학자들이 그 나사렛 청년이 일고一考의 가치도 없는 이단일 뿐이라고 일축하며, 심지어 그 척박한 땅 나사렛에서 "무슨 선한 것이 나겠느냐"고까지 했지만 그러면 그럴수록 라울은 그 나사렛 청년에 대해 예사롭지 않다는 느낌이 들었다. 사울의 반응이 궁금해 넌지시 떠봤지만 예상대로 그는 콧방귀를 뀌었다. 말도 안 되는 소리라며 천하를 어지럽게 하는 이런 무리는 보이는 족족 처형시켜야 한다는 극언까지 서슴지 않았다. 아울러 경전에 밝은 라울 학형 같은 사람이 어떻게 그 목수의 아들이 무슨 성전聖典상의 그루터기라도 되는 양 허황한 생각을 품을 수 있느냐고 책망했다. 목수의 아들에 대해 극언까지 서슴지 않는 사울을 보면서 더는 그와 나사렛 사람에 대해 의논해볼 엄두가 나지 않을 정도였다.

얼마 후 다시 충격적인 소문이 들려왔는데, 민중을 몰고 다니던 그 나사렛 사람이 급기야 십자가형에 처해졌다는 사실과 그 후 다시 살아나서 하늘로 올라갔다는 황당한 소식이었다. 그런 어수선한 일이 일어나고 얼마 후 라울은 사울이 실종되었음을 알게 된다. 그리고 어느 날 사라진 사울에 관해 들려온 소식에 그야말로 망치로 뒤통수를 얻어맞은 듯한 충격을 받게 된다. 사울이 그 나사렛 사람의 추종자가 되어 수배를 받고 있다는 것이었다. 그런 이단은 잡아서 처형시켜버려야 한다고 그토록 큰소리를 쾅쾅 쳤던 사울이 바로 그 이단 수괴의 제자가 되었다니 망연자실할 수밖에 없었다. 사실 사울의 종적이 묘연해진 뒤로 라울은 종교적, 현실적 힘을 쌓아 나갔다. 그 요령꾼이 언제 또 금빛 휘황한 모습으로 나타나 자신을 비참하게 할지 모른다는 생각에 온갖 성공의 조건들을 쌓았던 것이다. 그가 언제 나타난다 해도 견주어 결코 뒤지지 않을 조건들을 부지런히 쌓아갔던 것이다. '오너라, 사울. 언제든 너를 상대해주마' 하는 마음이었다.

그런데 비가 몰아치는 어느 날 밤 나타난 사울은 뜻밖에도 초라한 모습이었다. 옛날의 그 야망 덩어리 열혈 청년의 모습이 아니었다. 이글거리던 눈에는 한없는 사랑과 자애로움이 담겨 있었다. '뭔가 있구나' 하는 불길한 느낌이 라울을 엄습했다. 사울이 고백했다. "언젠가 랍비 라울, 자네가 내게 말했던 그 나사렛의 목수가 자네 말대로 진정 구세주였노라"고. "자네의 그 높은 예지력이 그분을 메시아로 알아보았을 때 이 아둔하고 어리석은 놈은 티끌만큼의 예감도 받지 못했노라"고.

라울은 전신에 힘이 빠지는 느낌이었다. 세속의 금빛 성공들이 비늘처럼 떨어져 나가는 듯 비참했다. 사울이 돌아가고 난 뒤 라울은 거의 실신지경으로 사막을 헤매다가 곡기를 끊고 스스로를 죽음으로 내몰려갔다. 그리고 통곡하며 하나님께 물었다. "어찌하여 그 같은 자에게는 하늘의 비밀을 보여주시고 나는 그토록 갈망했건만 외면하시나이까"라고. 훗날 전도 여행길에 라울의 이름이 거론되었을 때 사울은 차디찬 어투로 이렇게 말했다. "옹기가 옹기장이더러 나를 왜 이렇게 못나게 빚었냐고 불평한들 무슨 소용이 있으랴. 옹기장이는 자기 뜻대로 못생긴 옹기도 만들고 잘생긴 옹기도 빚는 것 아니냐."

《라울전》은 김동리의 《사반의 십자가》와 함께 한국 기독교 문학의 두 기둥이 될 만한 작품이다. 엔도 슈사쿠遠藤周作의 《침묵》에 필적할 만하지만 유감스러운 것은 이 작품이 한국 문학사에서 거의 거론되지 못한 채 묻히고 잊혀버렸다는 점이다. 지금도 종교적으로 다수의 편에 서 있지 않다 하여 무고히 정죄받는 사람들을 볼 때면 《라울전》이 생각나곤 한다.

책을 덮으며 잠시 생각해본다. 저마다의 인생은 그것을 지은이로부터 그 '결국'이 예정된 것일까. 인생뿐 아니라 사후의 가는 길도 그런 것이 아닐까. 그런 생각이 드는 것은 비단 나뿐일까. 40여 년을 대학에서 가르치면서 가끔은 뛰어난 제자들을 보며 그 재능에 내심 감탄하곤 하는데, 오랜 시간이 지나 두각을 나타내며 활발하게 활동하거나 누구나 부러워할 만한 위치에 가 있는 제자는 바로 그 예전의 뛰어난 사람이 아닌 경우가 많았다. 이런 것을 어떻게 설명할 수 있을지 모르겠지만, 인생 각자의 진행과 그 도착지에 이르는 여정은 불가해한 신비라고밖에는 말할 수 없을 것 같다. 하긴 자로 잰 듯 정확하게 예측할 수 없다는 사실. 그것이 바로 인생의 묘미인지도 모를 일이다. 구원의 경지 또한 그런 것이리라.

여기 하나의 정신이 있다

순전한 기독교

C. S. 루이스를 생각하면 때때로 사도 바울과 그 이미지가 겹쳐진다. 물론 바울은 열악하고 위협적인 환경 속에서 가공할 행보를 보이며 발로 뛰며 문서로 선교했고, 루이스는 훨씬 문명화된 시대에 주로 저술과 강연을 통해 보다 편하게 매체 선교를 했다는 점에서는 비교할 수 없을 것이다. 그럼에도 불구하고 그 놀라운 영향력에 있어서는 감히 바울에 비견할 정도라는 생각이 드는 것이 사실이다. 기독교에 인색하거나 부정적이기 쉬운 〈타임〉 같은 잡지까지 나서서 그를 표지 인물로 다룰 정도였다는 사실만으로도 그의 존재감은 입증될 만한 것이지만 이런 세속적 평가를 넘어서 그가 우리 시대에 가장 큰 영향력을 끼친 기독교 사상가이자 저술가라는 점은 누구도 부인할 수 없을 것 같다.

루이스를 읽을 때면 그 놀라운 통찰과 직관, 그리고 치밀함과 명료함에 매 순간 감탄과 한숨을 금할 수 없다. 옛날 우리 초등학교 때는 '수련장'과 '전과'라는 두 종류 참고서가 있었다. 루이스야말로 기독교의 '전과'이고 '수련장'이 아닐까 싶다. 수련장의 난해한 문제들을 끌어안고 씨름하다가 '전과'를 펼치면 거기 명료하게 문제 풀이 방식과 해답이 나와 있다. 루이스의 책은 그 '전과' 같다. 논리적이고 명료할 뿐만 아니라, 치밀하고 객관적이다. 미시와 거시의 현미경과 망원경이 한꺼번에 작동된다. 읽을 때마다 "아아!"나 "오오!"를 연발하게 되는 것이다. 예를 들면 그의 또 다른 저서 《고통의 문제》에 보면 "고통은 하나님의 확성기"라는 문장이 나온다. "고통은 하나님의 확성기다. 이제 그만 그 죄에서 나오라는……." 이 한 문장만으로 우리는 고통의 영적 의미와 본질을 그야말로 벼락같이 깨닫게 된다.

《순전한 기독교》는 그 모든 것이 집대성된 책으로, 우리 시대의 기독교 고전이 된 지 이미 오래인 책이다. 기독교에 관한 의문과 쟁점의 항목들을 그 옛날의 '전과'처럼 명료하게 도해하고 보여준다. 예를 들면 "가장 큰 죄"로 그는 "교만"을 들면서 이렇게 정의한다. "그것은 가장 핵심적이고 궁극적인 악이다. 성적 부정, 분노, 탐욕, 술 취함 같은 것들도 이 악에 비하면 조족지혈에 불과하다. 악마는 바로 이 교만 때문에 악마가 되었으며, 이것은 온갖 다른 악으로 이어진다. 교만은 하나님께 전적으로 맞서는 마음의 상태다……." 그런가 하면 성적性的 부도덕에 관해서는 이렇게 썼다. "어떤 정신없는 그리스도인들은 마치

삶의 아름다운 날들을 연주하라.

기독교가 성이나 육체 혹은 쾌락을 본질적으로 악하게 여기는 양 말하고 있지만, 그러나 기독교는 육체를 철저히 인정하는 거의 유일한 종교다. 하나님 자신도 한때 인간의 몸을 입으셨을 뿐 아니라 장차 천국에서 우리는 새로운 종류의 몸을 갖게 될 것이다. 따라서 기독교는 다른 어떤 종교보다 결혼을 찬양한다." 그러면서 문제는 성 그 자체나 성이 주는 쾌락이 아니라, 끝없이 그것을 부추기고 심지어 찬양하며 그것만이 삶의 주된 관심사가 되도록 몰고 가는 사악한 흐름이라고 정의한다. 이 성의 남용과 오용이야말로 그것의 본질에서 벗어나 우상화시키는 것이며, 불순종의 길을 가게 함으로써 사탄이 가장 즐겨 택하는 유혹의 방법 중 하나의 도구가 될 수 있다는 것이다. 이 얼마나 명쾌한가. "정의"나 "악의 징벌" "자율의지와 선택" 같은 부분에 이르러서는 등골이 서늘하도록 단호하다.

악과 선, 죄의 문제를 앞에 두고 자율의지를 어느 쪽으로 선택해 갈 것인지와 그 결과에 대해 루이스는 적절한 비유를 들어가며 이렇게 썼다. "하나님은 세상을 침공하실 것이다. 그러나 하나님이 드러내놓고 직접 세상에 간섭해야 한다고 말하는 사람들을 보면 정말 그 뜻을 알고나 있는지 궁금해진다. 그런 일이 일어나는 날은 바로 세상의 끝이 될 것이기 때문이다. 극작가가 무대 위로 걸어 나오면 연극은 끝난 것이다. 하나님은 틀림없이 세상을 침공하실 것이다. 그러나 자연계 전체가 하룻밤 새 꿈처럼 사라지고 그전까지 한 번도 생각지 못했던 그 무언가가 밀고 들어오는 것을 보게 될 그날, 어떤 이들에게는 너무 아름답게, 어떤 이들에게는 너무나 무섭게 다가와 선택의 여지를 주지 않을 그날에 가서야 그의 편이라고 나서본들 무슨 소용이 있겠는가. 그날 하나님의 모습은 너무나 압도적이어서 피조물들은 저마다 거역할 수 없는 사랑에 뒤덮이든지, 거역할 수 없는 공포에 뒤덮일 것이다. 그때에야 어느 편에 설 것인지 선택하려 들면 이미 늦을 것이다. 일어서는 것 자체가 불가능해진 상황에서 엎드리겠다고 말하는 것은 쓸데없는 짓이고 그것은 선택이 아니다……. 지금 이 순간이야말로 옳은 편을 선택할 수 있는 기회의 때다. 하나님은 바로 이 기회를 주시려고 이 기회를 지체하고 계실 뿐이다. 그러나 영원히 지체하시지는 않을 것이다. 우리는 지금 이 기회를 잡든지 버리든지 둘 중 하나를 택해야 한다."

루이스를 읽는 것이야말로 이 시대 기독교인의 과제가 아닐까. 혼란의 시대를 살아가는 청년 세대에게 몇 권의 책만 추천하라 한다면 그중 하나로 기꺼이 C. S. 루이스를 꼽겠다. 그의 신학적 견해는 차치하고서라도 한 편의 교향악을 듣는 듯한 그의 문장 세계만이라도 체험케 하고 싶다. 이 참을 수 없이 가볍고 소란할 뿐더러 악하고 음란한 시대에 "여기 하나의 정신이 있다"며 그와 그의 책을 가리키고 싶다.

아직도
가야 한다고?

아직도 가야 할 길

"나는 따로 주치의를 둘 만한 형편이 못 되어 스콧 펙을 읽는다." 많은 서구인이 이렇게 말하며 여행가방에 챙긴다는 것이 이 책이다. 모건 스콧 펙Morgan Scott Peck이 마흔 살을 갓 넘어 쓴 이 책은 그럼에도 불구하고 원숙한 인생 연륜과 무르익은 영성, 그리고 빛나는 지혜와 통찰로 가득하다. 작가이자 사상가, 정신과 의사이자 영성가로서 스콧 펙이 자신의 모든 것을 담은 이 책은 〈뉴욕타임스〉 최장기 베스트셀러 목록에 오르고 전 세계 23개 언어로 번역 출간되어 수천만 부가 팔린, 이른바 문제적 책이다.

그런데 놀라운 것은 명성에 비해 이 책이 별로 재미가 없다는 사실이다. 재미는커녕 지루하다. 한 수 가르쳐주겠다는 식이다. 게다가 백화점 식으로 나열하여 산만하기까지 하다. 재미도 없고 쉽지도 않으며 산만하기까지 한 이 책이 그토록 널리 읽히고 그토록 오랫동안 영향력을 지닌다는 게 불가사의할 정도다. 교육, 의학, 종교, 과학, 그리고 은총 같은 방대한 주제를 한 책에 담다 보니 집중력 또한 떨어진다. 때로는 철학적이고 때로는 신학적이다. 물론 가장 먼저 의학적이다. 예컨대 요즘 유행하는 '통섭'이라는 표현이 어울릴 만큼 그 세계가 종합적이고 포괄적이다. '우울증', '부모가 된다는 것', '의존성', '사랑의 문제', '종교와 과학', '고통', '성찰', '신경증', '악과 권력', '자아', '건강' 등 끝이 없다. 이 한 권을 인생의 매뉴얼로 삼자고 권유해 오는 느낌이다. 어찌 보면 산만한 주제를 나열한 중구난방 의학 혹은 신앙 에세이 같은 이 책이 어쩌면 그토록 오랫동안 지지받고 열렬하게 읽혀왔는가 말이다.

의문은 책을 덮을 즈음에 풀린다. 이 책을 읽다 보면 묘하게도 위로받고 있는 것 같은 느낌, 치유받고 있는 것 같은 느낌을 받게 된다. 그런 면에서 요즘 화제가 되고 있는 치유서나 위로서 같은 유의 원조 격이 아닐까 싶다. 그것이 읽히고 또 읽히게 된 이유일 것이다. 모든 세대를 통틀어 사람은 기대고 싶고 위로받고 싶은 존재이기 때문이다. 저자는 결국 인생의 그 많은 문제와 질문, 그리고 답을 한 단어로 압축한다. 그것은 사랑이다. 그런데 그 방법론이야말로 예수 그리스도께서 제자들에게 제시하신 것이기도 하다. 결국 이 의학자는 하늘의 언어를 빌려 지상의 모든 논제에 접근한 것이다. 바로 이러한 방법론이 그토록 수많은 사람들에게 설득력을 얻은 것이 아닌가 싶다.

가장 낡은, 그러나 가장 절절한 단어 '사랑'. 그것은 스콧 펙의 모든 책을 여는 열쇠이기도 하다. 오늘날에도 수많은 정신과 의사와 사회심리학자가 나름의 처방전을 써서 책으로 출간한다. 그럼에도 불구하고 스콧 펙처럼 넓고 깊게 읽히지 못하는 이유는 지상의 문제를 지상의 언어로만 풀려고 하기 때문이 아닌가 싶다. 그리고 그 점에서 이 분야의 신고전이 된 스콧 펙의 이 책과 비교되는 것이다.

저자는 인생 자체를 사랑의 도정으로 보고, 우리는 결국 이 사랑을 이루기 위해 가고 가며 아직도 더 가야 된다고 말한다. 그런데 그 길의 끝에서 만나게 되는 이는 결국 사랑의 주인인 예수 그리스도라는 것이다. 저자는 예수를 전면에 내세우고 있지는 않다. 그럼에도 불구하고 인생의 오랜 난제들과 해결되지 않은 문제들이 결국 그리스도적 사랑이 아니고서는 풀 수 없는 것임을 곳곳에서 암시한다. 그리고 읽는 이들도 그의 이 논리에 점진적으로 수긍하게 된다. 그런 점에서 이 정신과 의사야말로 몸에 좋은 약에 달콤한 당의정을 입힌 것처럼, 예수를 말하지 않으면서 예수를 전한 탁월한 선교사라고 할 수 있을 것 같다.

예수는 '영혼의 사람'에 대해 역설했다. 스콧 펙은 그분의 훌륭한 제자인 셈이다. 종국에 모든 인간은 그토록 애지중지하던 육체를 지상에 한 줌 흙으로 남겨둔 채 영혼만을 가지고 떠난다. 그러나 영靈이 육肉과 함께 있을 때는 그 소중함을 잘 알지 못한다. 특별히 육이 승한 청장년 시절일수록 더 그렇다. 인생의 주인을 육이거나 육적인 그 무엇인 것으로 착각한다. 영은 모호할 뿐 아니라 거추장스럽고, 많은 부분 육성肉性과 부딪치거나 적대적이 된다. 그러나 이 책은 말한다. 문제는 영이다. 그러니 일찍이 그대의 정신을 어루만지고 영혼을 보듬어라. 성장을 도모하되 영적인 성장을 먼저 도모하라. 이 현대의 랍비는 부단히 그렇게 역설한다. 우리는 너나없이 실수하고 넘어진다. 그럼에도 불구하고 상처를 싸매며 다시 일어서서 길을 간다. 사랑을 위하여. 그리고 그 사랑의 주인을 만나기 위하여.

자유,
버리면 얻으리라

월든

우리 집으로 불어오는 바람은 산마루를 스쳐 지나는 바람과 비슷해서 지상의 선율을 간간이 전해주거나, 혹은 그중에서도 천상에 해당하는 부분만을 전해주었다. 아침 바람은 끊임없이 불어오며, 창조의 시詩는 끊이질 않는다.

헨리 데이비드 소로Henry David Thoreau는 자신의 삶을 자연 속의 움직이는 시詩로 만들어낸 사람이다. 그는 자연과 사람이 다 함께 하나님의 지성을 가진 창조물로서 어떻게 조화되어야 하는가를 보여준 사람이다. 그는 자연 속에, 자연이 그 속에 들어가는 완벽한 조화와 하나됨을 보여준 현대의 '자연인'이었다.

단지 그것을 구별해낼 줄 아는 귀를 가진 사람이 극히 드물 뿐이다. 보트를 제외하면 내가 지금까지 소유한 적 있었던 유일한 집은 가끔 여름에 여행할 때 사용했던 텐트뿐이었다. 그것은 지금도 접어서 다락방에 보관해두고 있다. 하지만 보트는 사람들의 손에서 손으로 넘겨지는 동안에 시간의 흐름을 따라서 떠나버리고 말았다. 이번에는 훨씬 더 견고한 거처를 손에 넣었기 때문에 나는 세상 속에 안주하는 방향으로 어느 정도는 전진한 셈이 된다. 이 거친 복장을 한 오두막은 내 주위에 생겨난 결정체이며, 그것을 세운 나 자신을 감화시켰다.

마치 법정 스님의 《무소유》를 읽고 있는 듯한 느낌. 소유를 버릴수록 자유를 얻는다는 점에서 두 사람은 같다. 이채로운 것은 그가 첨단 물질문명 사회의 풍요 속에서 성장했다는 점이다. 물질 중독 사회에 환멸을 느꼈던 것일까.

장대비가 쏟아지는 날에도 실내에 있다기보다는 문 뒤에 앉아 있다고 하는 편이 옳았다. 나는 채소밭이나 과수원에 자주 놀러 오는 새들뿐 아니라 티티새, 개똥지빠귀, 붉은풍금조, 바위종다리, 쏙독새 등 마을 사람들 앞에서는 좀처럼 노래하지 않는 훨씬 더 야성적이며 영혼을 흔들어대는 목소리로 우는 수많은 숲속의 가수들과 친구가 된 것이었다.

디팩 초프라, 인도 출신의 그 의사는 "만물에는 지성이 있다"는 말로 유명하다. 만물에는 지성이 있다. 고로 서로간에 대화와 소통이 가능하다. 《월든》은 그 체험을 기술했다.

그는 지극히 평범한 사람이었다. 잠시 교사 일을 하다가 그만두고 이곳저곳 여행을 다니기 시작했다. 그리고 여행하면서 보고 느낀 것을 소박한 일기체 글로 남겼다. 그의 글쓰기는 주로 자연의 발견과 그에 대한 탄성, 그리고 그 속에 깃든 신성神性에 자아를 비추어 보는 쪽으로 진행되어갔다. 글쓰기로 이름을 내고 싶은 욕망보다 그저 경이감을 가지고 자연과의 교감을 기술해 나가는 데 치중했다. 심지어 이런 표현도 나온다. "탄식하고 슬퍼하면 자연계의 모든 것이 그것에 감화되어 태양은 빛을 잃어버리고, 바람은 인간처럼 한숨을 쉬며, 구름은 눈물처럼 비를 뿌리고, 숲은 한여름에도 잎을 떨구고 소복을 입을 것이다. 대지와 나는 서로를 이해할 수 있지 않을까? 내 몸의 일부는 이파리며, 식물의 부식토가 아니었던가." 이런 고백과 함께 "나는 나 자신이 범해온 것보다 더 흉악한 악행이 이 세상에 존재하리라고는 꿈에도 생각지 않는다. 나만큼 나쁜 인간을 아직까지 본 적이 없으며, 앞으로도 결코 볼 수 없으리라"고 탄식한다. '자연 거울', 마치 성당에 고백성사를 하러 온 중죄인처럼 그는 자연의 지고한 아름다움 앞에서 자신의 인격이 군데군데 얼룩지고 추한 모습으로 일그러져 있음을 발견한 것이다. 이것은 그가 그토록 맑고 깨끗하며 순결한 '자연 빛'에 자기를 비추어 볼 수 있는 지혜를 가졌기 때문에 가능했을 것이다. 하지만 죄를 발견하고 고백하기 위해 자연 앞에 서는 일은 아무나 가능할 것 같지 않다.

텅 빈 오후. 그 무료와 한가 사이에서.

그의 메시지는 이처럼 지식으로 만들어진 것이 아닌, 자연 속에서 직조되어 나온 것이 대부분이다. 햇빛과 바람에 빗물을 섞어 만들어 내는 언어인 것이다. 웅장한 성당이나 교회의 명설교가에게 감복되어 토설하는 회개가 아니라 살랑거리며 부는 바람과 햇빛에 반짝이는 연두색 잎, 그리고 고운 저녁놀 앞에서의 참회이고 고백이라는 점이 이채롭다. 그런 면에서는 선불교禪佛敎적 사상에 기울어 있는 것처럼 보이기도 한다.

그는 도시에 살면서 한 번씩 자연 속에 들어갔다 나오는 것이 아니라 아예 깊은 산의 호숫가 숲속으로 옮겨가 작은 오두막을 짓고 생활을 했다. 손수 작은 규모의 텃밭 농사를 지으며 자연과 하나가 되어갔다. 그러면서 세심하게 자연의 소리와 색채, 그리고 역동적인 혹은 미묘한 그 움직임을 기록해가기 시작했다. '자연'을 부리거나 이용하거나 혹은 정복, 종속시키려는 태도가 아니라 자연에 경도되고 자연과 하나가 되고 존중하며 배우려 했다는 점에서 그는 노자老子를 연상시키기도 한다.

그는 모든 종류의 쾌락은 반드시 고통을 수반하고, 그중에서도 소유의 쾌락이 가장 그러하다는 것을 자각했다. 그리하여 호숫가에 참으로 작고 소박한 집을 짓고 소유의 금욕을 수행해 나갔다. 아직 거대하고 무자비한 자본주의의 폭풍이 몰아닥치기 전에 이미 그것의 위험성을 인식하고 자연의 삶 속에서 그 해법을 찾은 것이다. 실로 실천하기에는 어렵지만 경청하고 배울 만한 삶의 태도여서 그가 떠난 이후

이 숲속 작은 오두막은 명소 중의 명소가 되고 말았다. 소유에 붙들린 사람들마다 이곳을 찾아와 그것으로부터 해방되는 법을 배우려 했던 것이다. 월든적 사고가 청량한 한 줄기 바람처럼 느껴지는 것은 그만큼 우리의 실존이 자본의 욕망 앞에서 무겁고 칙칙하게 혹은 무력하게 변해간다는 반증일 것이다.

그는 어디로 간 것일까. 나는 어디로 가게 될까

헤븐

부음訃音을 받는 일이 잦아지고 있다. 그리고 그런 소식을 접할 때마다 스치는 생각이 있다. 그이는 어디로 갔을까. 그와 함께 다른 한 구절이 떠오른다. "너희 인생이 무엇이냐. 잠시 보이다 사라지는 안개니라."(야고보서 4장 14절) 안개 같은 인생들. 제한된 시간과 공간의 무대 위에서 잠시 보이는가 싶다가 사라지는 모습들. 그들은 어디로 간 것일까. 설마 온 우주를 품고도 남을 만한 상상력을 지닌 존재, 갈망하고 후회하며 사랑하고 꿈꾸는 존재인 인간이 육체의 소멸과 함께 모든 것이 끝나는 것이라고는 믿을 수 없는 것이기에 부화하여 날아간 나비처럼 그 영혼이 어디론가로 갔을 터인데, 대체 어디로 간 것일까. 그리고 그 지상을 떠난 삶은 어디에서 다시 시작되고 펼쳐지는 것일까. 그리고 다시 펼쳐지는 그 삶의 모습은 대체 어떤 것일까. 의문은 꼬리를 물고 일어나는데 이에 대해 성경은 단호하고 명료하게 말한다. 육체의 소멸 후에 닿게 되는 두 영원의 세계가 있고, 그 이름이 천국과 지옥이라고.

이 책은 그 두 세계 중 하나인 천국을 그리고 있다. 저자는 철저하게 하나님께서 성경을 통해 계시하신 추론에서 시작하여 성경으로 강화된 상상력에 불을 붙여 천국을 그려 나갔다고 고백한다. 여기서 개인적 환상이나 계시는 배제됐다. 아울러 자신이 이 책을 쓰게 된 이유가 될 만한 일을 이렇게 밝혔다.

> 여론조사에 따르면 자신이 지옥에 간다고 믿는 사람 1명당 120명의 사람들의 천국에 간다고 믿는다. 이러한 낙관론은 〈마태복음〉 7장 13~14절의 그리스도의 말씀과 너무나 큰 대조를 이룬다. "좁은 문으로 들어가라. 멸망으로 인도하는 문은 크고 그 길이 넓어 그리로 들어가는 자가 많고 생명으로 인도하는 문은 좁고 길이 협착하여 찾는 자가 적음이라." 그러므로 천국은 자동으로 가는 종착역이 '아니다'. 어느 누구도 그곳에 저절로 가지 못한다. 우리의 죄 문제를 해결하지 않는다면 우리가 자동으로 가야 할 곳은 오직 한 곳, 지옥이다. 잠재된 가장 큰 위험은 독자들 자신이 지금 천국을 향해 가고 있다고 추측하는 것이다. 대부분의 장례식장에서 듣는 말처럼 당신은 거의 대부분의 사람들이 천국에 간다고 생각할 것이다. 그렇지 않은가? 그러나 예수님께서는 대부분의 사람들이 천국에 가지 못한다고 분명하게 말씀하셨다.

등골이 서늘하도록 단호하다. 저자의 이 말이 사실이라 할지라도 그대로 직시하고 수용하기는 차마 몸서리쳐질 일인데, 그렇기 때문에 저자는 거의 과학적이리만큼 천국의 실재와 현존을, 반대로 지옥의 끔찍함을 구체적 사료와 자료들로 제시하며 "천국을 준비하라"고 말한다. 천국을 준비하라. 사실 세례 요한 때부터의 외침인데, 대부분의 현대인들에게는 이 메시지가 가물가물하기만 하다. 왜냐하면 천국은 예수님께서 피로 값을 주고 사셔서 우리에게 주신 은혜의 선물이므로 우리로선 별로 할 일이 없는 것이라고 학습되어 있기 때문이다.

하지만 저자는 천국에 가기 위해 개인이 수험생처럼 준비해야 될 몫이 있다고 힘주어 말한다. 저자는 우선 천국을 준비하는 삶으로 천국을 열망하고 천국에 그 눈을 고정시키기를 권한다. "위의 것을 찾으라"(골로새서 3장 1절)는 준엄한 명령의 말씀이야말로 더 나은 본향本鄕인 천국을 지상의 삶 속에서 사모하고 갈망하라는 말씀이며, 이는 장차 그리스도와 함께 그곳에 있을 것이기 때문에 그리스도를 사랑하고 사모하라는 말씀이기도 하다고 풀이한다. 그러면서 천국을 사모하고 천국에 몰두하기가 말처럼 쉽지 않은 것임을 이렇게 말한다.

> '계속해서 천국을 찾으라'고 명령을 한 후에 이 명령을 반복해서 언급한 것은 천국에 마음을 고정시키는 일이 저절로 이뤄지지 않음을 말한다. 실제로 대부분의 명령은 그 명령에 순종하지 않는 저항을 전제로 하기 때문에 명령형으로 할 수밖에 없다. 우리에게는 성적 부도덕의

내 안에 늑대가 산다. 황량한 시간이면 들려오는 그 울음소리.

성향이 있기 때문에 이를 피하라는 명령을 듣는다. 빌딩에서 뛰어내리지 말라는 명령은 들은 적이 없다. 정상인이라면 그러한 유혹과 싸우지 않기 때문이다. 천국을 생각하라는 명령은 날마다 여러 방법으로 공격을 받는다. 만사가 천국을 대항하여 전투를 벌인다. 우리의 마음은 너무나도 땅에 고정되어 있어서 하늘의 생각에 익숙하지 않다. 그러므로 우리는 문제를 해결해야만 한다.

어쩌면 이렇게 물 흐르듯 쓸 수 있단 말인가. 구원에 대한 그 어떤 신학적 진술보다 명료하게 다가오는 진술이 아닐 수 없다. 지나치게 명쾌하고 지나치게 단순해서 다른 생각을 해볼 겨를이 없을 정도다.

나는 대체로 세 개의 삶이 있다고 유추한다. 그 세 개의 삶은 하나의 연속성을 가지기는 하지만 각각 다른 차원의 것이다. 첫 번째 삶은 모태에서의 삶이다. 기간은 열 달. 물로 가득 차 있는 좁고 둥근 세계이지만 모든 지각은 있다. 두 번째 삶은 지상의 삶이다. 열 달이 되면 태아는 이 전혀 낯설고 예기치 않은 세상 속으로 나가게 된다. 이때 생명의 영양이 공급되던 탯줄이 무참하게 잘려 나가고 아이는 당혹하며 일종의 죽음을 경험한다. 까무러칠 듯 울어대지만 사실 그것은 죽음이 아니라 다른 차원으로 옮겨가는 새로운 탄생이다. 이 전혀 예기치 못한, 빛이 쏟아지는 새 세상에서 생명은 다시 100년 안쪽의 삶을 살게 된다. 열 달의 열 배인 셈이다. 이 기간 동안 기쁨과 슬픔, 후회와 갈망, 죄와 은혜 같은 온갖 감정들을 겪어내며 많은 사람들을 만난다. 그러다 이윽고 세 번째 삶으로 간다. 고통과 두려움, 상실과 슬픔은 상상을 불허한다. 그러나 이 죽음 역시 끝이 아닌 새로운 탄생일 뿐이다. 상상할 수 없는 세상에서 그는 상상할 수 없는 일들을 경험하며 다시 수많은 사람들을 만난다. 나비가 부화해서 날아가듯, 모든 제한을 벗어버린 새 세계의 삶을 시작하는 것이다.

그렇다. 장례식장에 갈 때마다 고인은 좋은 곳으로 갔고 우리는 다시 만날 것이라는 덕담과 축복의 인사를 나누며 사람들은 헤어진다. 그러나 이제는 멈춰서서 한 번쯤 진지하게 생각해봐야 할 것 같다. 그는 어디로 간 것일까. 그리고 장차 나는 어디로 가게 될까. 진지하게 이런 질문을 던지도록 만드는 것이야말로 이 책의 미덕이다.

'메멘토 모리' 죽음을 기억하라

사랑 그리고 마무리

나이가 들면 누구나 한 번씩 자기의 끝을 생각해보게 되는 것 같다. 모든 것을 놓아버려야 할 시간. 차마 그럴 수 없지만 사랑하는 이들과 작별해야 할 시간. 홀로 감당하고 혼자 걸어가야 할 죽음의 길 앞에 선 자신의 모습을 상상해보는 것이다. 어떤 죽음을 맞게 될 것인가. 절망과 두려움 속에서 고통받게 될 것인가, 아니면 평안한 안식에 들 듯 그렇게 맞을 것인가. 이런 상념들을 해보게 되는 것이다.

"삶에서 가장 커다란 수수께끼는 삶 그 자체가 아니라 죽음이다. 죽음은 삶의 절정이자 마지막에 피는 가장 아름다운 꽃이다……. 존재는 죽음으로 자신을 새롭게 한다……. 삶은 다만 죽음을 향한 순례이기 때문에 죽음은 삶보다 더 신비로운 것이다." 오쇼 라즈니쉬Osho

Bhagwan Shree Rajneesh가 했다는 이 말처럼 죽음은 시시각각 살아 있는 모든 존재들 속으로 걸어 들어온다.

그 죽음을 이집트의 〈사자의 서〉에서는 이렇게도 말한다. "죽음은 병든 사람이 회복하는 것같이, 병을 앓고 난 후에 정원으로 나오는 것 같이 오늘 내 앞에 있다. 죽음은 여러 해 동안 갇혀 있는 사람이 간절히 집에 돌아가고 싶어 하는 것처럼 오늘 내 앞에 있다." 그런가. 그것은 과연 아름다운 꽃이고 축복이며 설레는 귀향길인가. 그렇다면 왜 그토록 사람들은 그 설렘의 길에 들어서기를 두려워하는 것일까. 심지어 '죽음'이라는 두 글자만 들어도 피하거나 외면하고 싶어 하는 것일까. 도대체 무엇이 잘못된 것일까.

이 책은 은둔의 철학자이자 사상가였고 농부였던 스콧 니어링 Scott Nearing과 반생을 함께한 그의 아내 헬렌 니어링 Helen Nearing이 스콧의 죽음을 기점으로 하여 두 사람의 삶을 반추해본 일종의 명상록이다. 이 부부가 수많은 사람들의 관심을 불러모은 것은 삶과 죽음이라는 두 주제를 마치 면벽하고 화두와 씨름하는 선승들처럼 치열하게 사색했고, 그 사색의 결과를 저술로 남겼다는 점 때문이다. 우선 스콧 니어링은 개인적 고난에도 불구하고 참으로 열심히 자기 앞의 생生을 통찰한 지성인이었으면서, 죽음 또한 비상한 자기만의 방법으로 맞아들였다는 점에서 특별하다. 그 아내 헬렌 또한 남편의 그러한 삶과 죽음의 궤적을 공적 논리의 관점에서 통찰력 있게 바라보았다는 점에서 이채롭다. 스콧은 스스로 만든 버몬트의 농장에서 농사와 저술, 그리고 강연을 하면서 역동적인 삶을 펼쳐 나갔지만 만년에 죽음이 자기 앞으로 걸어온다고 느낀 순간부터 서서히 곡기를 끊어버린다. 수많은 사람이 그의 이런 방식의 죽음을 놓고 시비를 벌였는데, 명백한 자살이라는 입장과 주도적으로 죽음을 수용한 위대한 선택이라는 관점으로 나뉜다. 아내 헬렌은 후자의 입장에 선다. 그녀는 두 사람의 삶이 한 사람의 육체적 소멸 이후로도 굳건하고도 견고하게 이어진다고 믿었으며, 실제로 홀로 된 삶이 되어서도 새로운 전망과 모험, 그리고 가능성을 바라보게 되었다고 고백했다.

> 53년 동안 함께 살았던 스콧이 만 100세가 된 지 3주일 뒤 메인에 있는 집에서 조용히 숨을 거둔 날 하나의 장이 막을 내렸지만, 내 삶은 아직 끝나지 않았으며 그이와 더불어 계속되고 있다. 그이는 오랫동안 최선의 삶을 살았고, 일부러 음식을 끊음으로써 위엄을 잃지 않은 채 삶을 마쳤다. 나는 느슨하게 그이의 손에 마지막까지 쥐어져 있던 고삐를 거두어들이지 않으면 안 되었다……. 나는 나보다 스물한 살 많은 스콧이 먼저 갈 가능성이 많다고는 알고 있었지만 거의 그 생각은 하지 못하고 지내왔다. 스콧은 매우 건강하고 힘차게 활동했으며 삶에 충실했으므로, 언제나 그렇게 살아갈 것만 같았다. 나는 무대 밖으로 사라진 그이의 모습을 상상할 수 없었다. 하지만 이제 때가 되었고, 그 사람은 눈에 보이는 세계에서 떠나갔다. 그이는 나보다 조금 앞서 우리의 조화로운 관계 밖으로 떠나갔다.

노년은 여유롭다. 화사하다. 그래서 나이 듦은 찬란한 아름다움이다. 지는 해처럼.

어디로, 어느 방향으로 날아가는 것일까.

그렇다. 죽음은 어느 날 초대하지 않았는데도 방문하는 반갑잖은 손님처럼 우리들의 문을 노크한다. 옆구리에 칼을 들이대는 강도처럼 그렇게 온다. 그 존재를 어떻게 맞이할 것인가를 두고 허다한 종교와 철학이 제각기 다른 관점으로 해석하고 논쟁한다. 그 점에서 볼 때 스콧 니어링은 적어도 '죽음'을 삶과 마찬가지로 주도적이고 주체적으로 체험하려 했던 것만은 분명한 것 같다. 죽음에 의해 삶의 존엄이 훼손되거나 흐트러질 수 없다는 그의 신념이 단식이라는 극단적 방법을 불러오기는 했지만, 죽음을 계속되는 삶의 한 형태로 인식하려 했다는 점에서는 실천적 지식인 혹은 종교인이라 할 만하다. 헬렌은 남편이 삶의 수많은 굴곡과 애환, 그리고 아픔에도 불구하고 얼마나 긍정적이고 열정적이었으며, 그리고 헌신적이었는가를 기술함으로써 혹시 있을지도 모를 비관적 염세주의자의 오해를 불식시켰다. 살아 있는 모든 존재는 죽음을 피해갈 수 없다. 피할 수 없다면 치열하게 살아냄으로써 죽음을 삶 속에 초대해 녹여버리는 것이 낫다는 게 스콧의 생각이고, 그 생각에 아내인 헬렌은 박수와 찬사를 보냈다.

'메멘토 모리Memento mori.' 죽음을 기억하라며 중세의 수사들은 헤어지고 만날 때 인사처럼 이 말을 나누었다 한다. 죽음은 막다른 벽이 아니라 새롭게 열리는 문이라는 의식과 함께, 육체적이고 현세적인 삶은 곧 끝이 나고 영원으로 가는 문 앞에 서게 된다는 사실을 직시하라는 의미를 담고 있다. 스콧과 헬렌 부부야말로 살아 있는 동안 죽음을 생각하며 어떻게 그 문앞에 설지 쉬임 없이 생각해왔던 것 같다.

지금 어떻게
영원을 준비할까?

사후생

"당신은 어디에서 영원을 보내려 하십니까." 미국의 어느 고속도로 한편에 서 있다는 팻말이다. 송곳처럼 가슴을 찌르는 질문이다. 우선 이 문장은 지금 우리가 사는 곳이 영원이 아니고 그 영원을 향해 가고 있을 뿐이라는 점을 일깨워준다. 더불어 '당신은 어떻게 그 영원을 준비하고 있는가' 하는 암시가 담겨 있다. 하지만 그 영원이라는 곳, 장소성을 갖는 그곳에 가본 사람이 있을까. 이 책은 이런 유의 질문에 답하고 있다.

의학자이자 사상가인 저자는 죽음을 바라보는 올바른 시각만이 삶에 대한 바람직한 가치관을 형성하게 해준다고 말한다. 죽음이 모든 것의 끝이며 지금까지 이룬 모든 것의 상실이라고 하는 생각의 전환을 요구하는 것이다. 나아가 죽음은 육체의 한계를 넘어 누에고치가 나비로 부화하여 창공을 훨훨 날아가는 것과 같은 자유경自由境을 얻는 것이라고 풀이한다. 과연 그럴 것 같다. 아인슈타인Albert Einstein도 말했다지 않은가. "어떤 실재實在는 시간을 초월하여 계속된다"고.

어렸을 적 가끔 상여 나가는 것을 보곤 했다. 울긋불긋 꽃상여 위에 소리꾼이 올라가서 요령을 흔들며 구슬픈 만가輓歌를 부르면 그 뒤를 따르며 사람들은 눈물 바람을 하곤 했다. 나는 상여가 동구 밖을 빠져나가고 푸른 보리밭 너머로 둥둥 떠가던 그 화려한 꽃망울이 어렴풋해질 때까지 서서 지켜보곤 했다. 어디로 가는 것일까. 가랑가랑 이어지던 소리 때문에 나는 그 꽃상여가 어디론가 한없이 가는 것이라고 느꼈다. 죽음의 어두운 골짜기를 건너서까지도 한없이 또 가고 가리라는 느낌이 오래도록 남아 있었던 것이다.

아이는 새와 꽃과 노닐다 저물면 돌아간다. 집으로.

죽음에 대한 보다 구체적인 명상은 사춘기 때 다시 찾아왔다. 치열하게 문학과 예술의 열병을 앓던 시절이었다. 온 우주를 품고도 남을 만한 상상력의 존재, 꿈꾸고 사랑하고 후회하고 갈망하며 무엇보다 끝없이 사유하는 인간이라는 존재가 육체의 죽음과 함께 소멸되어버리는 것이라고는 차마 믿을 수 없었다. 우리의 현재는 육체의 죽음 너머의 그 어떤 세계, 사람들이 영원 혹은 영혼의 세계로 부르는 그 어떤 세계와 잇닿아 있는 것은 아닐까 하는 생각이 어렴풋 들었던 것이다. 그것은 종교나 서적이 가르쳐준 것이 아니었다. 감수성 많은 청년에게 어느 날 확신으로 다가와 사실로 굳어져버린 그 어떤 느낌이었던 것이다. 내가 막연히 상상했던 그 영원의 세계를 기독교에서는 본향本鄕이라고 부른다는 사실은 나중에야 알게 되었다.

죽음은 어느 날 방심하고 있는 우리 삶을 덮친다. 그러나 반갑지 않은 죽음의 손님이 예기치 않은 시간에 우리 삶의 문을 노크하리라는 사실을 사람들은 애써 외면하거나 모른 척하고 싶어 한다. 죽음에 대해 생각하다 보면 한 가지 장면이 떠오르곤 한다. 아프리카 초원에서 한가로이 풀을 뜯던 사슴 무리를 덤불 속에서 몰래 지켜보던 사자가 몸을 날려 덮친다. 미처 도망가지 못한 한 마리 사슴을 그 날카로운 이빨과 발톱으로 공격하여 순식간에 숨통을 끊어놓고 마는 것이다. 혼비백산 도망가던 사슴 무리는 잠시 후 언제 그런 일이 있었냐는 듯이 돌아와 그 자리에서 풀을 뜯고 있다. 우리는 죽음을 생각할 때 놀랍게도 그것을 모두 풀 뜯는 사슴처럼 남의 일로 여기고 있다. 언젠가 자신의 일로 닥치기까지 그것은 철저히 남의 일인 것이다.

저자는 이 점을 일깨우며 수많은 임사 체험자들을 인터뷰하여 이 책을 묶어냈다. 조심하라. 죽음은 뜻밖에 우리 아주 가까운 곳에 있다. 숲의 덤불 속이거나 심지어 당신 집 커튼 뒤에도 죽음의 그림자는 숨어 있을 수 있다. 죽음 이후에 당신은 새로운 삶의 경지로 들어가게 된다. 그 삶은 시간 속에 갇혀 있지 않다. 그래서 잘 죽기 위해서는 잘 살아야 하는 것이다.

오래전 번역자인 최준식 교수가 미국에서 돌아오는 비행기 안에서 읽고 처음 번역하기로 한 것이라며 내게 이 책을 건네주었다. 내 기억에 그는 기독교인이 아니었고, 어떤 종교도 가지고 있지 않았으며, 따라서 그 책 역시 어떤 종교적 선입견 없이 번역한 것이라고 했다. 그런데 기독교인인 나의 관점에서는 저자가 인터뷰한 임사 체험자들의 진술 중 상당 부분이 성경의 내용과 흡사하거나 일치한다는 점을 발견하고 놀라지 않을 수 없었다.

어쨌든 이 책에 대한 의학적, 신학적 논란은 차치하고라도 죽음에 대해 진지하게 성찰하고 묵상하게 한다는 점은 의미 있는 일이라고 생각한다. 특히 내 눈길을 끄는 것은 죽음이 다른 존재로의 변화이며, 그 다른 존재로의 아름다운 이동을 위해서 준비해야 될 단 하나의 것이 바로 사랑이라는 점이다. 저자는 주장한다.

지금 사랑하자. 지금 이 순간이 과거이고 현재이며 영원에 닿아 있으니 사랑을 연습하자. 그리고 생의 마지막 순간에 간절히 원하게 될 것, 그것 또한 사랑이니 지금 그 사랑을 연습하자.

바야흐로 육체 천국의 시대다. 너나없이 노화를 싫어하고 죽음을 두려워하며 육체의 아름다움에 집착한다. 그러나 움켜쥐면 움켜쥘수록 그 아름다움은 어느새 소멸하고 사라져간다. 우리가 애지중지하는 수분과 단백질의 육체가 소멸하면서 영원의 세계가 열리는 것이다. 지금 우리는 과연 어떻게 그 영원을 준비해야 되는 것일까.

하나님의
이름은 사랑

사랑이 이긴다
하나님이 이긴다

빨갛고 노란색 디자인의 책을 연거푸 읽었다. 먼저 손에 쥔 책은《사랑이 이긴다》였다. 교계의 록스타로 알려진 랍 벨Rob Bell 목사의 책이다. 소문대로 논란의 태풍 한가운데를 걷고 있는 느낌이었다. 천국과 지옥, 그리고 교회가 공개적으로 답하기 불편했던 질문들에 불을 지폈대서 화제가 만발했다는 바로 그 책이다.

저자는 쉼 없이 도발적이고 전복적인 질문을 던지고, 그 정점에 사랑을 들고 나온다. 하나님은 사랑이시다. 고로 설령 지옥으로 떨어졌다 해도 거기서도 회개하면 구원의 문을 열어주실 것이라는 식이다. 지금까지의 기독교 구원론을 정면으로 전복시키는 내용이어서 이만저만한 센세이션이 아니었다. 나아가 사랑 자체이신 하나님께서 짧은 인생의 선악을 가지고 영원의 천국과 지옥의 조건을 삼으시겠는가, 하고 묻는다. 그리고 그 모든 질문에 그러니 너무 걱정하지 마라,

어

쨌

든 하나님은 사랑이시니까, 라는 결론에 이르게 한다.

그는 성경을 통째로 사랑 복음으로 내세우는 느낌인데, 그에 의하면 사랑은 모든 질문에 대한 날줄과 씨줄이 되고 모든 논리의 연역과 귀납이 된다. 그는 신학적 난제들뿐 아니라 아슬아슬하고 비약적인 의문들도 모두 사랑으로 수렴시킨다. 그의 사역 현장은 그리스도의 보혈과 구속사에도 불구하고 지옥에 대한 두려움으로 전전긍긍하거나 자신만이 구원받았다는 배타적 천국관을 가진 부류를 혐오하는 또 다른 부류의 사람들로 들끓고 있는 것 같다. 어쨌거나 상당수의 현대인들에게는 그의 새로운 사랑 복음이 위로 복음이 되어 찬물 속 한 줄기 햇빛처럼 소망을 주고 있는 것이 사실인 것 같다. 서평들 또한 극단으로 나뉜다. "대담하고 예언적이며, 시적인 걸작"이라는 호평이 있는가 하면 저자를 "절망적인 낭만주의자"라고 몰아붙이는 서평도 있다.

누군가 거칠고 격앙된 호흡이 아닌 차분한 신학적 통찰력 속에서 이 책을 조망해주었으면 하는 아쉬움을 느꼈을 때 만난 것이 《하나님이 이긴다》였다. 저자는 사랑의 하나님과 함께 공의의 하나님을 일깨운다. 공의로우신 하나님께서 선과 악에 대해 상 주고 징벌하시는 것이 합당하며, 그 관점에서 지옥은 회개하지 않은 악이 처벌받아 마땅

한 곳으로서 도덕적으로 옳다는 전통적 관점을 들고 있다. 그러면서 저자는 사랑의 이름으로 버무려진 지나친 낙관주의와 긍정주의를 경계한다. 죄와 악의 실재와 위험을 교회가 경시하려는 경향성에 대해서는 이런 비유를 들고 있다. 말기 암 환자에게 부정적인 이야기는 사태를 악화시킬 뿐이라고 생각한 의사가 나쁜 소식을 알리지 않은 채 감기일 뿐이니 걱정하지 말라고 위로하는 것과 같다는 것이다. 결국은 사망에 이를 수 있는 치명적인 중병임에도 불구하고 만병통치의 사랑 알약으로 사태를 악화시킬 수 있다는 것이다. 더군다나 그 사랑이 예수의 희생과 그 인격으로 수렴된 것인가에 대한 검증이 없다고 공박한다. 성경을 종합적이고 통찰력 있게 바라보지 않고 더불어 하나님의 관점을 자의적 발상으로 해석하려 한다는 위험성도 지적한다.

이런 식으로 조목조목 《사랑이 이긴다》를 분석 비판하고 있지만 동시에 그는 저자 랍 벨의 어떤 종류의 은사隱事에 대해서는 상찬한다. 예를 들어 신학을 건조하고 지루하게 보는 관점에 그가 논쟁의 불을 지핀 점은 엄청난 진보라는 것이다. 전통적이고 정통적인 복음주의의 관점에서 《사랑이 이긴다》의 논리들을 하나하나 반박하지만 그럼에도 불구하고 그가 천국과 지옥과 구원의 문제를 현실의 지평 위에 들고 나와 대중적으로 환기시킨 점은 높이 산다. 개인적으로 내가 너무나 좋아하는 기독교 저술가인 랜디 알콘Randy Alcorn의 추천사가 있어 더 비중 있게 읽고 더 많이 수긍했다. 랍 벨이 던진 무수한 의문들에 대해서는 주목할 수 있었고, 그것 자체로서 의미 있는 일이었다.

무
엇
보
다

두 책을 읽으면서 결국 하나님은

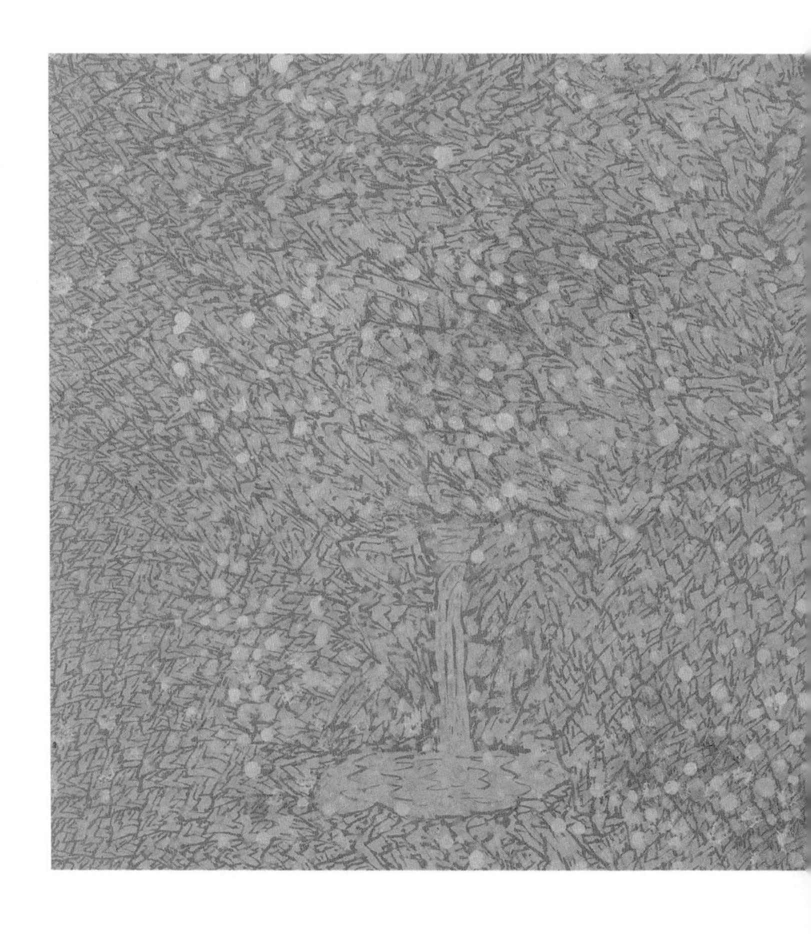

더욱 크고 나는 더욱 작아질 수 있었음은 은혜로운 일이었다.

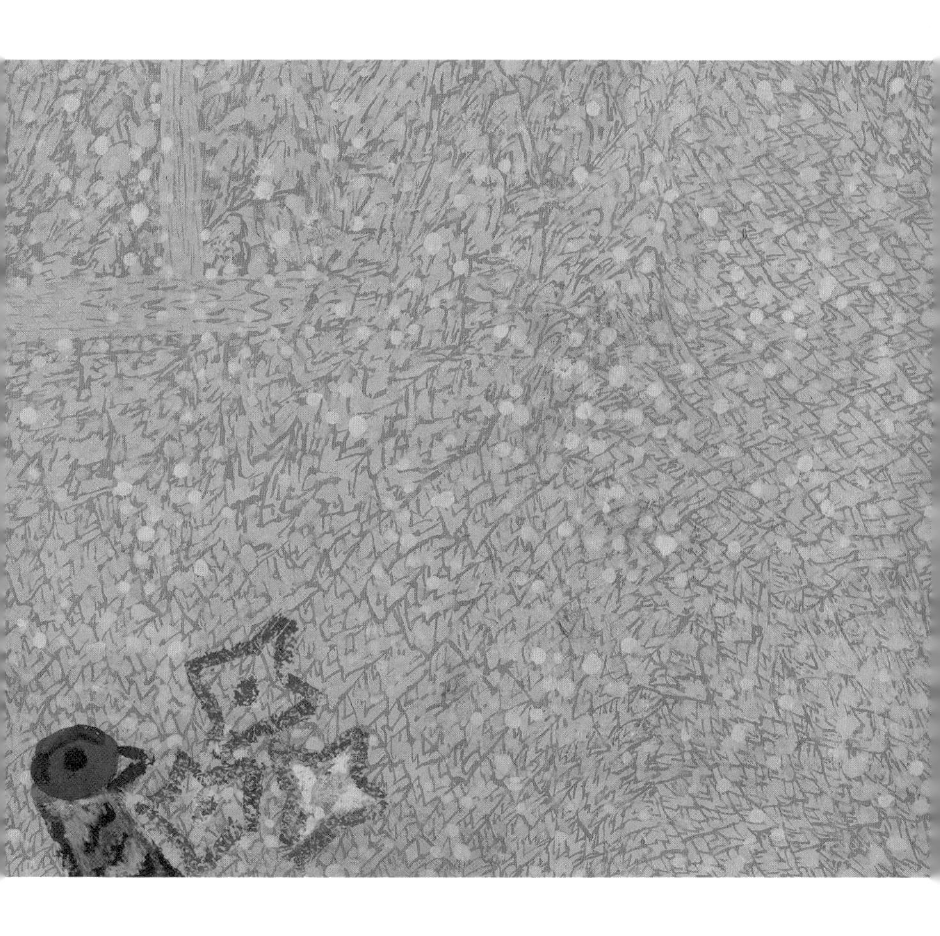

사랑이 이긴다. 생명이 이긴다. 이기고말고.

하나님은 누구신가. 대체 누구신가

GOD

이윽고 우리는 책을 읽지 않는 시대에 이르렀다. 손가락을 움직여 페이지를 넘기는 대신 그 손가락 끝으로 화면을 움직이게 된 것이다. 반가운 것은, 그러거나 말거나 책은 쏟아져 나온다는 사실이다. 나 같은 자에게는 축복이라 아니할 수 없다. 예나 이제나 책 가난에 허덕이며 살고 있기 때문이다. 읽어도 읽어도 허기지는 그 갈망과 갈증의 정체는 무엇일까. 난로 위의 주전자 물이 푹푹 끓는 헌책방 낡은 의자에 파묻혀 읽고 또 읽어대던 열다섯 살 무렵의 기억은 탐닉으로 바뀐 지 오래되어 오늘에 이르고 있다. 자, 내 앞으로 지나갔던 책들은 무엇이었고 다가올 책들은 무엇일까. 내 생애의 책들은 어떤 의미와 눈짓을 던지고 흘러갔으며 또 그렇게 다가올 책들은 무엇일까.

문득 내 낡은 서가의 풍경을 바라본다. 사계절의 풍경처럼 책 세상의 풍경도 바뀌고 변했음을 깨닫는다. 문학에서 철학으로, 철학에서 예술로, 다시 문학으로, 다시 철학으로, 예술로, 건축으로, 여행으로……. 그러다가 한 책이 눈에 들어온다. '하나님'. 그 이름이 붙은 책으로부터 줄줄이 영적인 그 어떤 이름을 달고 있다. 귀밑머리 희끗해지도록 유난히 육적인 삶의 테두리만을 맴돌았던 내가 이제는 영혼의 목마름에 절실해진 것일까. 영적인 책읽기를 통해 나의 육성肉性과 죄성罪性의 어느 한 부분이라도 정화되기를 바란다는 방증일까. 어쨌거나 비밀의 커튼 한 자락을 걷고 전혀 다른 세상을 엿보는 것과 같은 경외와 설렘을 가지고 나는 이제 새로운 책 읽기를 시작하고 있다.

A. W. 토저의 《GOD》. 하나님은 누구신가. 대체 누구신가. 내가 읽은 영적인 책의 모든 출발은 이 물음으로 거슬러 올라간다. 하나님은 누구신가. 누구시길래 너와 나의 하나님은 이렇게도 다른 것인가. 나의 하나님과 내 아들들의 하나님은 도대체 얼마만큼이나 다른 것인가. 그분에 대한 오해와 이해 사이의 거리는 왜 이다지도 아득한가. 그리고 문명과 종교와 세대에 따라 벌어진 폭은 왜 이토록 메워지지 못하는 것인가. 나는 하나님의 어느 부분을 보며 그대는 또 하나님의 어느 부분을 보는 것일까. 아니 한 부분이나마 제대로 보고 있기는 한 것일까. 이 책은 왜 수많은 '하나님' 책 중에서도 사라지지 않고 내 서가에 견고하게 꽂혀 있는 것일까. 이 모든 물음의 답을 찾기 전에 먼저 저자인 A. W. 토저에 대한 신뢰감을 고백해야 될 것 같다.

내가 그의 책에 신뢰감을 갖는 것은 두 가지 이유 때문이다. 첫째, 쉽다. 쉽되 경박하지 않다. 어렵고 심오한 내용을 쉽게 쓸 수 있다는 것만큼 미덕도 없다. 둘째, 상상력을 절제하고 있다. 수험용 참고서처럼 무덤덤할 뿐더러 상상의 비약이나 문장의 현란한 수사를 남용하지 않는다. 아직도 미문美文의 유혹을 떨치지 못하고 있는 나 같은 사람에게 이것은 일종의 용기로까지 보인다.

《GOD》도 예외가 아니다. 그는 그저 하나님에 대해 말할 뿐이다. 하나님을 바라보는 자기의 입장이나 견해는 말하지 않는다. 사실 나는 종종 소위 뛰어난 저자들의 하나님에 대한, 예수에 대한, 구원에 대한 견해에 끌려다니느라 정작 원줄기를 놓쳐버린 것이 한두 번 아니었다. 저자는 하나님에 대해 실제 곁에서 뵈어온 자기 육신의 부친처럼 소상히 소개하고 있다. 직업은 무엇이며, 키는 몇 센티미터이고, 좋아하는 것을 무엇이라는 식으로. 놀라운 것은 그가 성경 밖으로 한 발짝도 나가지 않으면서 하나님의 초상을 선명하게 그려내고 있다는 사실이다. 〈호세아서〉 선지자는 "우리가 여호와를 알자. 힘써 여호와를 알자"라며 애타게 권유하고 있거니와, 알면 이해하게 되고 이해하면 사랑하게 되는 까닭이리라.

사실 하나님에 대한 오해와 편견 혹은 몰이해로 인류 사회에 얼마나 많은 어처구니 없는 비극이 이어졌는지 모른다. 아론의 금송아지와 바벨탑으로 시작하여 종교재판과 마녀사냥과 십자군전쟁과 9·11테러와 그 테러에 대한 보복의 악순환에 이르기까지, 어찌 보면 인류사는 하나님을 아는 지식이 없어 망하고 무너지기의 연속이었다. 그럼에도 불구하고 인간은 모든 행위의 개인적 혹은 집단적 귀책을 결국 제각각의 하나님과 그 정의에 두려는 성향이 있다.

저자는 이 점을 지적하며 우리가 하나님을 정확하게 아는 것이 믿음과 구원의 기초라고 역설한다. 그렇게 함으로써 거울로 보듯 희미한 상태에서 벗어나 장차 그분의 나라에서 얼굴과 얼굴을 맞대고 기쁨으로 뵐 수 있으리라는 것이다. 천국을 만드시고 그 아들의 희생을 통해 구원을 이루신 그분을 정작 우리가 장차 그분의 나라에 들어가 몰라보거나 오해한다면 그것은 비극이 아닐 수 없다. 전지전능하시고 무소부재하신 분, 한없이 크고 선하시며 거룩하시고 공의로우신 분, 자비롭고 은혜로우시며 스스로 존재하실 뿐 아니라 초월적이며 무엇보다 사랑 그 자체이신 분, 그 하나님을 알기에 이만한 학습서도 만나기 쉽지 않다는 생각이다.

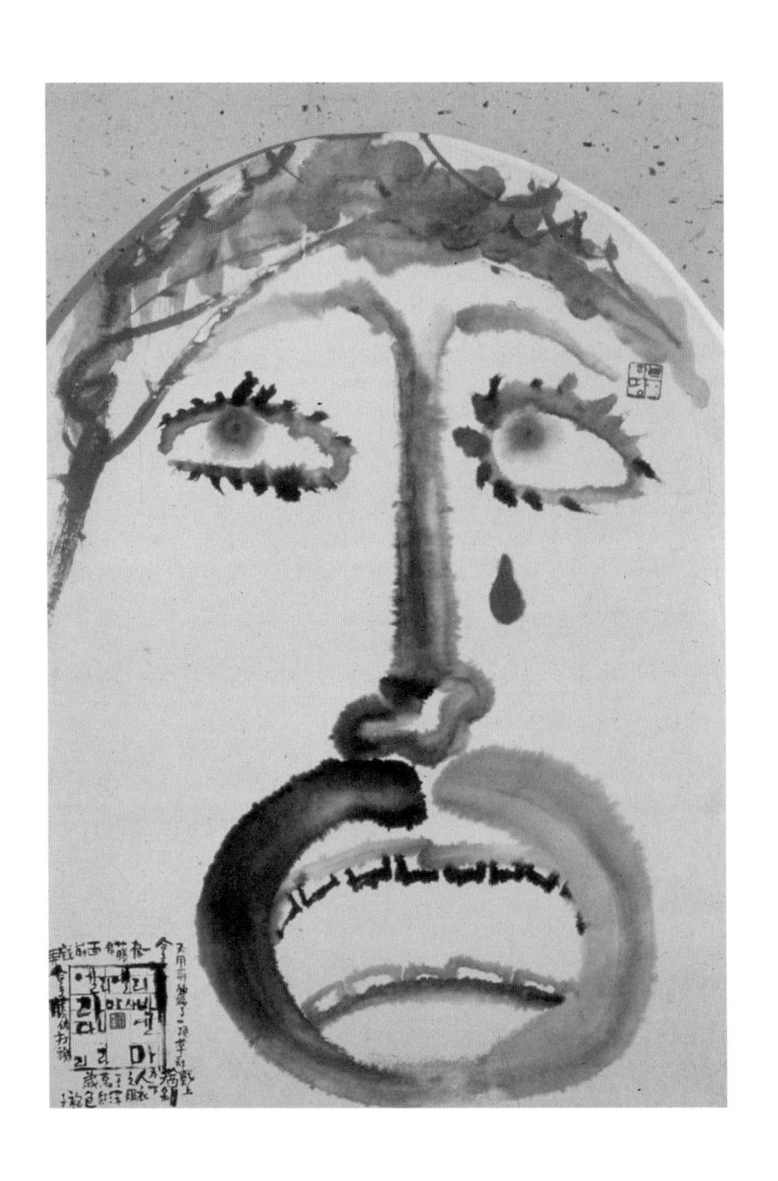

하나님의 아들. 그 자신이 하나님. 그리고 사람의 아들…….

하나님,
위대한 예술가

최고의 예술가이신 하나님

에디스 셰퍼Edith Schaeffer의 남편은 저 유명한 프랜시스 셰퍼Francis Schaeffer다. 이들 부부는 아름답고 지적이며 무엇보다 하나님을 경외하고 사랑하는 저술들로 많은 선한 영향력을 끼쳤다. 에디스 셰퍼의 책만 하더라도 세계 12개 국 언어로 번역되어 출판되었고, 100만 권 넘게 판매되었다. 이들 부부의 책들은 크리스천 예술가들에게 교본처럼 읽히고 있고, '예술과 영성'에 관해서는 빠지지 않고 인용되기도 한다.

이 책은 하나님의 신성 가운데 우주와 만물을 직접 고안하시고 독창적으로 창조해내신 예술가적 부분에 주목한다. 인간의 창의성과 창조성이라는 것이 창조주 하나님에 대한 모방이고 그림자임을 저자는 이렇게 이야기한다.

창조성이라 부를 수 있는 온갖 것에서 완벽한 예술가, 즉 기술이나 독창성이나 과거와 미래를 아는 일에서나 여러 방면의 솜씨에서 완벽하고, 전달하고자 하는 내용을 정확하게 표현할 뿐만 아니라 표현해야 할 내용을 완벽하게 갖고 있으며 스스로에 대해서뿐만 아니라 존재하는 모든 것의 경이로운 점들을 완벽하게 알려주는 예술가는 물론 하나님, 인격적이신 하나님뿐이십니다. 하나님은 최고의 예술가이십니다! 〈신약성경〉은 이렇게 말하고 있습니다. "만물이 그에게 창조되되 하늘과 땅에서 보이는 것들과 보이지 않는 것들과 만물이 다 그로 말미암고"(골로새서 1장 16절). 하나님이 창조하신 예술은 우리에게 전달됩니다! 〈구약성경〉에는 이렇게 기록되어 있습니다. "하늘이 하나님의 영광을 선포하고 궁창이 그 손으로 하신 일을 나타내는도다. 날은 날에게 말하고 밤은 밤에게 지식을 전하니 언어가 없고 들리는 소리도 없으나 그 소리가 온 땅에 통하고 그 말씀이 세계 끝까지 이르도다"(시편 19편 1~4절). 이 말씀이 우리에게 가르쳐주는 점은 창조계 전체가 무엇인가를 전한다는 사실입니다.

(…)

역사 이래, 다시 말해 인간이 존재하기 시작한 이래 모든 사람들은 최고의 예술가를 드러내는 증거를 보아왔습니다. 그분은 먼저 마음속에 어떤 생각들을 품으신 후 그 생각들을 보이는 형태로 표현할 수 있었던 예술가이십니다. 하나님은 사람에게 하늘이 어떤 것을 선포하고 있다는 것, 무언가를 전하고 있다는 것, 다시 말해서 그것을 지으신 분의 영광을 말하고 있다는 것을 논리적으로 이끌어낼 수 있는 지성을 주셨습니다. "하나님께서 세상을 창조하신 그때부터 그의 보이지 않는 특성들, 말하자면 그의 영원하신 힘과 신으로서의 성품이 그가 만드신 만물을 통하여 분명히 알려져 있기 때문에 사람들이 핑계할 여지가 없습니다"(로마서 1장 20절).

하나님께서는 세상을 왜 이토록 장엄하고 정교하고 다양하며 아름답게 창조하신 것일까. 그것은 디팩 초프라의 언급처럼 "만물에는 지성이 있고" 그 위에 에디스 셰퍼의 "만물에는 인격성이 있기" 때문에 피조물들로 인해 영광을 받으시기 위함일 것이다. 동시에 하나님의 영성으로 창조하신 인간들이 보고 듣고 즐기고 느낌으로써 하나님의 창조에 공감할 수 있기를 원해서였을 것이다. 하나님은 만물을 창조하신 후에 보시기에 좋았다고 스스로 평가하셨고, 특별히 인간을 창조하신 후에는 "심히 좋다"고 하셨다.

나는 이 대목에서 '아, 그렇구나. 하나님의 창조물에 대해 그 아름다움과 신묘함을 공감하고 찬양하는 것이야말로 또 다른 형태의 예배이겠구나' 하고 깨달았던 바 있다. '하나님께서 그토록 정성스럽고 독창적으로 창조하신 만물을 무심히 무감동하게 보아 넘기는 것이야말로 그분을 섭섭하게 할 수 있고, 나아가 죄일 수 있겠구나' 하는 생각과 함께 '감동하고 놀라워하며 창조하신 분의 손길과 섭리를 깨닫는 것이야말로 하나님께 기쁨일 수 있겠구나' 하고 생각했던 것이다.

꽃을 지으시고, 말을 지으시고, 그리고 바람을 지으시다.

하나님께서는 당신이 짓고 빚으신 피조물들을 보시고 스스로 "좋다" 고 하셨을 만큼 외로우신 것이 아닌지, 그리하여 "어떠냐. 나의 솜씨가 실로 신묘막측하고 아름답지 않으냐" 하고 공감을 구하시고 싶으셨던 것은 아닌지 싶은 것이다.

여기서 저자는 남편 프랜시스 셰퍼의 "인격적 창조론"에 십분 공감한다.

이 우주가 생길 수 있는 방법은 단 두 가지밖에 없다는 말을 남편(프랜시스 셰퍼)은 자주 합니다. 제3의 방법은 '도저히 있을 수 없고' 사람으로서는 전혀 상상할 수 없는 것이라고 남편은 말합니다.

그는 그 점을 이렇게 말합니다. "이 우주는 인격체로부터 시작되었든지 비인격체로부터 시작되었다. 그러므로 이 우주는 비인격적인 우주이든지 인격적인 우주이든지 둘 중 하나다. 만약 이 우주가 비인격적인 것이라면 사람에게 인격이 발전된 것은 애석한 일이 아닐 수 없다. 왜냐하면 그런 관점에서는 사람이 생각하고 행동하고 의사소통을 하고 사랑하고 어떤 생각을 마음에 품고 선택을 하고 풍부한 창조성을 느끼고 타인의 창조성을 감상할 줄 아는 현상 등에 의미를 부여할 수 있는 만족스러운 설명을 할 수 없기 때문이다. 그것은 마치 물고기가 공기가 없는 우주에서 허파를 진화시키는 것과 같다. 우리의 인격이 갈망하고 소원하는 여러 가지는 만족되지 않은 채 그저 가라앉을 뿐이다."

사람이 비인격적인 시작을 믿겠다고 선택하면 그다음에 그가 이를 수밖에 없는 결론은 우주는 비인격적인 것이며 인간은 중요하지 않고 역사는 무의미하다는 것입니다.

창조의 철학화라고나 할까. 이 부부의 창조론 해석에는 고도의 인식적, 철학적 유대가 있다. 그러나 이토록 세심하고 아름답고 찬란하게 조성된 하나님의 창조 미술관은 그 원래의 모습이나 원래의 이미지와는 달리 훼파毁破되고 파괴되었으며 어지러워지고 말았다. 특히 포스트모던의 이름으로 가해지는 미학적 폭력 앞에서 속수무책 망가져가게 된 것이다. 다시 셰퍼의 말.

누가 와서 마구 파괴해놓은 미술관을 구경해본 적이 있나요? 아름다운 집을 난폭한 괴한들이 완전히 풍비박산으로 만들어놓은 다음에 본 적이 있나요? 난폭하고 무분별하며 거친 사람들이 당신이 손수 예쁘게 꾸며놓은 곳을 마구 헤쳐놓은 직후에 들어가본 적이 있습니까?
(…)
사탄은 하나님의 '미술관', 즉 하나님의 손으로 만드신 예술품 가운데로 거침없이 들어가서 무분별하게 그것을 파손하고 사람들을 하나님으로부터 분리하고자 했습니다. 또 자신이 선전포고한 전쟁에서 그는 여러 가지 방법으로 참된 진리를 반박하기 위해 끝도 없을 것만 같은 거짓말을 하면서 사람들을 하나님에게서 분리하려는 이런 충동질을 계속할 계획을 세웠습니다. 얼마간의 시간이 지난 다음에야 사탄과 그

추종자들의 반역은 종말을 고하게 될 것입니다. 우리는 지금 그 종말이 이르기 전의 시기에 살고 있습니다.

나는 어렸을 적부터 꽃이나 나무, 새나 나비 같은 것들을 유심히 보는 버릇이 있었다. 외로워서였을 것이다. 내가 다니던 초등학교는 집에서 멀었다. 논길 들길을 지나 작은 야산을 넘고 시냇물을 건너야 했다. 자연히 사시사철 바뀌는 산천의 색과 소리들에 눈과 기를 빼앗기게 되었다. 가끔은 학교에 가다 말고 숲에 들어갔다가 잠이 들기도 했다. 그러다 잠이 깨면 예쁜 산새가 나무 위에 앉아 있는 것이 보일 때도 있었다.

화가로 살 운명이었던지 이때부터 꽃과 나무, 새와 나비, 말과 소, 강아지 등을 유심히 보는 버릇을 갖게 되었다. 그리고 유심히 보면 형태를 넘어 생태가 보였고, 이렇게 깊이 볼수록 저절로 탄성이 나오곤 했다. '한 분의 솜씨다. 그분이 모든 것을 만드셨다. 그분은 정말 대단한 분이구나.' 무슨 창조론 같은 것에 입각되지는 않았지만 속으로 그렇게 느끼곤 했다. 훗날 세계 각처를 여행하면서 이 생각은 더욱 확신으로 굳어졌다. 하나님은 우주에서부터 바이러스에 이르기까지 만물을 창조하신 분이고, 천국은 이 지상보다 월등히 더 아름답게 창조되어 있을 것이라는 확신이었다. 그런 면에서 나는 창조주 하나님에 대한 메시지가 철근과 콘크리트의 건물 속 인공조명 아래서만 이루어진다는 것이 아쉽다. 주님께서는 대자연 속에서 예배를 드리시며 "공중의 새를 보라"(마태복음 6장 26절), "백합화를 생각하여 보라"(누가복음 12장 27절) 하셨건만 밀폐된 건물 속에서는 직접적으로 하나님의 창조 세계를 들여다보며 예배드릴 수 없다.

하나님은 우주와 만물을 지으신 대예술가. 그분이 지으신 천국은 대체 어느 정도로 아름답고 장엄할지, 상상만으로도 조용히 가슴이 고동쳐 온다.

만물에는 지성이 있다

완전한 삶

1970년대 학번들은 대개 두 가지 책을 옆구리에 끼고 다니곤 했다. 하나는 에리히 프롬Erich Fromm의 《소유냐 삶이냐》, 다른 하나는 인도 출신의 하버드 의대 교수인 디팩 초프라의 《마음의 기적》이나 《죽음 이후의 삶》, 그리고 이 책 《완전한 삶》이다. 인도 철학을 서양 의학에 접목시킨 영성가로 유명한 디팩 초프라의 모든 책은 지성과 영성으로 귀결된다. 특히 "만물에는 지성이 있다"는 그의 언급을 그의 저작 전편에 흐르는 기저다.

물 한 잔, 차 한 잔을 마실 때도 새로운 생명력을 발휘한다는 것인데, 그의 이론은 수십 년 후 다른 이의 저술과 실험들로 속속 사실로 밝혀진 바 있다. 그의 영성은 대개 두 가지 경로를 통해 체득된 것으로, 첫째는 가학家學이랄까 가풍家風 속에서 얻어진 것이고 둘째는 그 전통에서 서구 의학의 중심인 하버드 의과대학으로 그의 삶이 옮겨지면서 터득된 것으로 보인다.

어느 날 밤, 그의 아버지는 잠옷으로 갈아입고 모친에게 와서 이마에 입술을 대고 이렇게 말한다. 그동안 당신과 함께 있어 좋았다. 당신의 사랑에 감사한다. 일상의 저녁 인사치고는 좀 색다른 것이어서 청년 초프라가 잠시 후 슬며시 아버지의 서재 문을 열고 들어가보니 아버지가 평소의 모습 그대로, 그러나 평안하게 영면해 있었다. 자신의 임박한 죽음을 알고 아내에게 마지막 작별의 키스를 했던 것이다.

이런 영적 분위기 속에서 성장한 그는 하버드 의대에서 생활하면서 영혼이 배제된 육신의 치료에만 급급한 서구 의학의 한계를 절감한다. 그러곤 영혼과 육체의 전인치료를 시도하고 냉소적인 분위기를 대중적 저술로 지평을 넓혀 극복하면서 이겨 나간다. '몸'과 '정신'과 '영혼'을 오가며 그는 '완전한 삶'과 '전인치료'의 실험을 계속한다.

10년 전, 내장이 지능적이라고 말했다면 웃음거리가 되었을 것이다. 소화관 내벽에는 수천 개의 신경종말이 있지만, 단지 신경 체계의 원격 전초기지 역할을 한다고 알려졌다. 음식물에서 영양분을 흡수하기 위해 서로 연락을 취하는, 낮은 단계의 일을 하는 방법으로 말이다. 근래에 와서야 내장 기관의 신경 체계가 낮은 단계의 일을 처리하는 것만은 아니라는 사실이 밝혀졌다. 내장 기관에 흩어져 있는 신경세포들은 정교하게 조화를 이루어 외계의 사건에 반응한다. 이를테면 상사에 아름다움, 황홀, 그리고 안식, 기쁨.

게 잔소리를 들었거나, 외부로부터 어떤 위협을 느꼈거나, 가족 중 누군가가 죽었을 때의 반응처럼 위胃의 반응은 뇌의 사고만큼이나 안정적이고 복잡하다. 당신의 대장, 당신의 간, 당신의 위 세포 역시 사고한다. 다만 뇌에서처럼 언어적인 사고가 아닐 뿐이다. 사람들이 흔히 말하는 '본능적인 반응gut reaction'은 수조 개의 세포들이 복합적으로 엮어내는 지능적인 작업으로 밝혀졌다.

전면적인 의학 혁명 중에서 과학자들은 지금까지 의심해본 적 없는 숨겨진 차원 속으로 한 걸음 내디뎠다. 세포들은 수백만 년 동안 우리보다 뛰어난 생각을 해내고 있었다. 사실상 인간의 대뇌에서 나오는 것보다 오래된 세포들의 지혜를 통해, 세포들보다 오래된 유일한 존재인 우주cosmos의 속성을 가장 잘 이해할 수 있다. 아마 우주universe는 우리보다 훨씬 뛰어난 사고를 하고 있을 것이다.

그는 나아가 어렸을 적 임종 시 할머니의 혼불을 보았다는 고백, 유체이탈을 하여 수술받고 있는 자신을 자신이 보았다는 고백, 때때로 형언할 수 없는 빛 속에 있었다는 수많은 사람들의 진술, 하나님의 목소리를 들었다는 간증, 자신을 지켜주는 천사를 느끼고 혹은 보았다는 이야기 등등을 예로 든다. 이처럼 삶의 순간들을 비키고 스쳐 가는 수없이 많은 영적 실마리와 메시지들, 그리고 존재감들은 절대 무시될 수 없거니와 오히려 본질과 실상에 가까이 있는 것이라고 정의한다. 그는 말한다.

당신은 태어나고 죽고 변화하는 모든 것의 배경에 영원함이 있다는 것을 안다. 당신에게는 변하지 않는 것이 가장 실체에 가까운 것이다.

그의 학설인 '세포지성'은 이 영원함의 한 소이所以다.

세포가 가장 우선하는 활동은 다른 세포들이 온전하도록 아낌없이 베푸는 것이다. 완전히 헌신함으로써 자신은 자동적으로 돌려받을 수 있다. 자연적인 순환의 법칙에 따르면 그렇다. 세포가 몰래 축적하는 일이란 없다.

세포는 그들의 지식, 경험과 능력을 전해주기 위해 재생산하고, 그 자손들에게 고스란히 전해준다. 이것은 실용적인 영원성이며, 물리적인 죽음을 비물리적으로 극복하는 것이다. 여기에 세대차는 없다.

그는 마치 강단에서 외치는 목회자처럼 세포지성과 세포영성론을 강조한다. 마치 그렇게 함으로써 영원의 문에 들어설 수 있다는 듯이.

그는 또한 우리 몸에서 쉼 없이 일어나는 "욕구들이 일으키는 폭동들"을 진압하기 위해서는, 온갖 두려움과 욕망들로 들끓는 우리 마음을 다스리기 위해서는 "진리가 너희를 자유롭게 하리라"(요한복음 8장 32절)는 조언에 귀 기울일 필요가 있다고 말한다. 진리는 그른 것을 부수어버림으로써 우리를 자유롭게 할 수 있지만, 우리 스스로는 우리

모든 것이 어슴푸레하고 아른하며 신비했던 여행지의 그 바다.

를 자유케 하는데 자주 실패하기 때문이다. 그는 악한 충동의 덫에 걸리지 않기 위해 "놓아버림"과 "새로운 영적 자각"이 거의 동시적으로 일어나야 한다고 말한다. 그리고 부단히 상승하는 삶을 꿈꾸어야 한다고 말한다. 이 대목에서 그는 타고르의 시 한 편을 소개한다.

그리고 광란의 경주가 끝날 즈음에
결승점을 보았네
너무 늦을까 봐 울음을 터뜨리며
결국 내가 찾는 것은 마지막 몇 분뿐인 것을 알았네
시간은 언제나 그대로였는데

영원 속의 존재인 우리. 인생이라는 광란의 경주장에서 일생을 헛된 일에 허비하고 결국은 몇 분의 시간만을 움켜쥔 손이 되지 않기 위해 이 인도인 의사는 지성과 영성과 몸의 철학으로 생애를 바쳐 밭이랑을 갈아왔던 것이다.

사실 하나님은
늘 우리와 함께 계신다

지금도 기적이 계속되고 있다 먼저 번역자들의 말을 옮겨본다. 이 책을 명료하게 압축한다고 생각되기 때문이다.

이 책은 미국에서 발간되는 〈가이아 포스트〉 잡지에 실린 주옥같은 신앙 간증을 번역한 것이다. 여기에는 온갖 어려움, 사람의 일생에서 예기치 않게 부딪히게 되는 가장 극한적인 시련들에 직면했던 믿음의 사람들의 체험담이 소중하게 담겨 있다.

우리가 세상을 살아가는 동안 너무나도 엄청난 일들이 몰아닥칠 때가 있다. 정글에서 3년 반 동안이나 납치범들과 지낸 일, 평온한 집에 들이닥친 강도와 테러, 바다에서 여러 시간 맨몸으로 표류한 사람, 불바다 속에 뛰어들어 작은 소녀를 구한 사람, 비행기 추락 사고, 보트가 뒤

집혀서 일곱 시간 동안 사투를 벌인 일 등 총 21편의 간증이 본인들의 글로 생생하게 묘사되어 있다.

사실 하나님은 늘 우리와 함께 계신다. 단지 우리가 그것을 알지 못하고 있는 것이다. 여유 있고 기쁠 때뿐만 아니라, 급박하고 슬플 때도 그분은 우리와 함께 계신다. 그러기에 우리는 늘 하나님의 임재를 믿고 살아가는 지혜가 필요하다.

역자는 이 책을 번역하면서 하나님의 무소부재함, 어느 곳에서나 계신 하나님을 절실히 깨닫게 되었다. 내가 사망의 음침한 골짜기에 있을지라도 하나님은 거기에 계시고, 내가 사슴보다 더 높이 섰을지라도 하나님은 거기에 계시니 얼마나 감사한 일인지…….

이 간증을 읽는 사랑하는 모든 신자들 자신도 우리 좋으신 하나님께서 함께하신다는 확신을 가지고 더욱더 하나님을 섬기며 승리하는 삶을 살기를 바란다.

나는 이 책을 비행기에 탈 때 자주 읽는다. 아니, 읽지 않더라도 내 여행 가방의 단골 목록으로 가져가게 된다. 그 심리는 무엇일까. 어느 곳에나 계신 나의 하나님 그분께서 천공에서도 나를 지켜주시리라는 믿음과 함께 그 믿음을 강화시키는 이 간증문들을 읽기 위해서다. 솔직히 말하면 비행기를 타는 데는 일말의 불안감 같은 것이 있다. 그토록 많이 비행기를 타고 다니건만 크고 작은 비행 후에는 안도감과 함께 평안이 몰려온다. 좌석의 등급에 관계없이 공중에 떠 있는 시간이 불편하고 불안했다는 반증이다.

이 책은 인생이라는 항로나 혹은 바닷길에서 뜻밖의 폭풍이나 재난을 만나 한 치도 앞으로 내디딜 수 없는 위기의 상황에서 역사해주신 전능하신 하나님에 대한 기록들이다. 그리고 어디에나 어떤 상황에나 함께하시면서 우리를 지켜보고 계시는 그분을 잊고 지내다가 불현듯 미망에서 깨어나듯 그 사실을 알고 소스라쳐 놀라게 되는 일상 속의 크리스천들 이야기다.

우리는 부지불식간에 교회에서의 하나님과 내 삶의 현장 속에서의 하나님을 이분화시키기를 잘한다. 내 삶 속의 하나님을 마치 움직임 없는 석고상처럼 생각하며 그분의 전지전능하심을 잘 받아들이지 않는다.

그들을 만난 지 32시간 후에 나는 비행기를 타고 오하이오 주 톨레도에 도착했다. 거기에는 도나와 나의 아들들, 그리고 어머니까지 마중나와 있었다. 내 머리칼은 어깨까지 자라 있었고, 더러워진 셔츠와 닳아서 너덜너덜해진 바지에는 정글의 냄새가 묻어 있었다. 틀림없이 나의 가족들이 알았던 말쑥한 정장 차림의 사업가 모습은 아니었다.

그 이후로도 나는 끝없는 절망의 세월 가운데에서도 하나님의 뜻을 받아들이고 그를 의지하게 되었던 정글의 죄수로서 지낸 일에 관하여 많은 생각을 하게 되었다.

나는 극한의 외로움 속에서 그러한 사실을 배웠던 것이다. 이제 나는 사도 바울이 한 〈빌립보서〉 4장 11 ~ 13절의 말씀의 의미를 알고 있다.
"내가 궁핍하므로 말하는 것이 아니라 어떠한 형편에든지 내가 자족하기를 배웠노니, 내가 비천에 처할 줄도 알고 풍부에 처할 줄도 알아 모든 일에 배부르며 배고픔과 풍부와 궁핍에도 일체의 비결을 배웠노라. 내게 능력 주시는 자 안에서 내가 모든 것을 할 수 있느니라."
때때로 나는 얼마나 내가 변화되었는가를 실감하기 위해 되돌아본다. 세상에 속해 살던 나는 납치당한 후에 결코 돌아오지 못했다. 지금 돌아온 나는 또 다른 세상을 바라보며 사는 사람이다. 그 세상은 우리 안에 있는 것이나 마찬가지이나, 하나님께서도 거하고 싶어 하시는 세상이다. 만약 우리가 하나님으로 하여금 거하시도록 허용하기만 한다면 말이다.

사업차 남미에 갔다가 납치를 당한 한 남자의 이야기다. 정글에서 죄수로 지내며 보내야 했던 끔찍한 시간들과 어떻게 하나님께서 기적적으로 역사하셔서 그를 구출해내셨는지 그 과정이 생생하게 그려져 있다.

파도가 만들어내는 굽이치는 물살은 내가 살아온 인생의 햇수 같았다. 그 물결은 높낮이를 만들며 내게 출렁거리며 나아오는 것이었다. 나는 무심히 내 손을 그링고의 머리에 얹었다. 내가 그링고의 눈을 응시하고 있을 때, 거기에는 무언가 심오한, 그러나 단순한 어떤 일이 일어나고 있었다.

항상 나는 그링고를 보살펴왔다. 이 개는 어떠한 일이 있더라도 나를 믿는다. 또 나에게 의지한다. 이런 생각을 했을 때, 어떤 느낌이 섬광처럼 내 머리를 스치고 지나갔다. '그링고가 나를 믿고 의지하듯이, 왜 나는 하나님을 그렇게 의지하지 못하는가?'

나는 보트 건너편에 있는 조에게 이렇게 말했다.

"우리는 이제 구조될 가망이 없어요. 돛을 다시 일으켜 세울 수 있다 해도 바람과 파도가 이렇게 세찬데 우리가 어떻게 헤쳐 나가겠어요?"

다시 내 마음에 똑같은 섬광이 스쳐 갔다.

'믿고 의지하라.'

나는 천천히 머뭇거리면서 조에게 말했다.

"당신, 예수님의 제자들이 갈릴리 바다에서 폭풍을 만났을 때의 성경 이야기를 기억하죠?"

조는 기묘한 눈빛을 보내며 나를 쳐다보았다. 그리고 이렇게 말했다.

"계속해봐."

"예수님은 제자들을 위해 파도와 바람을 잠잠하게 하셨어요." 내가 말했다. "예수님은 제자들을 위해 그렇게 하셨어요. 그러면 우리를 위해서도 그렇게 하실 수 있을 거예요. 예수님께는 바람과 파도를 잠재울 능력이 있으시잖아요? 그런데 우리를 위해서는 그렇게 하지 않으시려고 하겠어요?"

그래서 태양 빛이 부드러워져서 대양을 황금빛으로 물들일 때, 우리는 손을 잡고 이렇게 기도하게 되었다.

돛단배에 의지해 가다가 폭풍을 만난 사람들의 이야기다. 역시 절체절명의 암흑 같은 시간에 하나님의 기적이 어떻게 임했는지를 그려내고 있다. 이 책은 이처럼 극적인 위기의 순간에 나타나시는 하나님의 손에 대해 쓰고 있다.

그러나 생각해보면 이런 드라마틱한 상황이 아니더라도 우리 삶 속에서 하나님의 기적 아닌 것이 어디 있겠는가. 꽃이 피고 새가 우는 것, 아기의 해맑은 웃음과 해가 뜨고 지는 것 모두가 사실은 기적의 연속 아니겠는가. 우리에게 행하시는 그 하나님의 기적이 일순간이라도 멈춰진다면 우리 삶의 시계 또한 멈추고 말 것이다. 이 책이 가르쳐준 교훈이다.

2장 고난도 축복이다

인간은 이렇게도 슬픈데
주여, 바다는 너무나도 푸릅니다

침묵

엔도 슈사쿠는 오에 겐자부로大江健三郎와 함께 일본 문학의 양심으로 불리는 작가다. 그는 전쟁과 종교 박해를 통해 드러나는 인간의 어두움과 그 어두움에 함몰되어가는 인간 군상의 문제를 조명했다. 《침묵》, 《바다와 독약》, 《깊은 강》 등이 대표적인 작품인데, 특히 《침묵》은 기독교 부문에서 불멸의 고전이 되어가는 느낌이다.

《침묵》의 무대가 된 나가사키에는 엔도 슈사쿠 문학관이 있고, 커다란 두 바위에 '침묵의 비'가 세워져 있다. 한 바위에는 '침묵의 비'가, 다른 한 바위에는 작가가 썼다는 기도 같기도 하고 절규 같기도 한 하이쿠俳句(일본의 단시短時)형 문장이 새겨져 있다. "인간은 이렇게도 슬픈데 주여 바다는 너무나도 푸릅니다."

유난히 사소설私小說적 전통이 강한 일본 문학계에서 집단의 문제, 그것도 특히 고통받고 박해받는 집단의 문제를 응시한 엔도 슈사쿠의 문학은 특별하다. 그를 아시아의 톨스토이Leo Tolstoy나 도스토옙스키Fyodor Dostoevskii라고 부르는 이유다. 그는 고통을 응시하는 눈길을 문학적 완성도 속에 녹여냈다. 이 작품 역시 소설 읽는 재미를 통해 신앙과 영성, 그리고 구원에 대한 질문을 하도록 안내한다. 그 점에서 특히 청년 세대가 읽었으면 하는 책이기도 하다.

얼마 전 교회에서 얼굴이 유난히 새까맣게 탄 중년 부부를 만났다. '휴가 한번 요란하게 다녀왔군' 하고 생각했는데 알고 보니 아프리카에서 사역하는 부부 선교사란다. 각각 중학교와 고등학교 교사로 있다가 그곳으로 간 지 몇 년 만에 모국을 방문한 것이었다. 남몰래 얼굴이 화끈거렸다.

《침묵》은 도쿠가와 시대 일본에 선교사로 간 예수회 소속 신부의 배교背教 사건을 다큐멘터리 형식으로 다룬 작품이다. 당시 기득권층은 선교사들과 신도들을 '지옥의 열탕'으로 불리는 운젠雲山으로 데려가 신앙을 부정할 때까지 펄펄 끓는 물로 고문하곤 했다. 이 시대부터 이어진 고문과 박해는 악명이 높았다. 어느 한 지역에서는 한꺼번에 무려 스물여섯 명이나 불에 타 처형되기도 했다. 그런 박해 속에서도 오랜 세월 꿋꿋이 버티며 희망의 등불이 되어온 페레이라가 그리스도의 성화를 밟고 배교했다는 사실은 그를 파견한 포르투갈 예수회에도 큰 충격으로 다가왔다.

책은 그리스도를 향한 뜨거운 사랑과 불굴의 신앙으로 뭉쳐진 신앙 영웅 페레이라가 그 먼 곳까지 가서 어떻게 자랑스러운 순교자가 아닌 치욕스러운 배교자의 길을 걸어 목숨을 부지하게 되는가의 과정을 그려낸다. 끔찍한 고문과 취조 끝에 죽어가는 선교사들과 신도들을 지켜보면서 페레이라가 마음속으로 부르짖은 것은 오직 한 가지, '주여, 어디에 계시나이까'였다. '이 악을 보시지 않습니까. 왜 침묵하십니까'였다.

그 핏빛 절규에도 불구하고 이어지는 그리스도의 침묵 앞에서 그는 절망하고 좌절한다. '내가 고통받을 때 주님 당신은 어디에 계셨습니까'라는 질문은 거의 모든 크리스천이 생에 몇 번씩 던지는 질문이기도 하다. 테레사 수녀 같은 이도 신앙의 어두운 터널을 지나면서 이 질문을 수도 없이 던졌고 절망했다는 이야기를 하지 않았던가. 어쩌면 신앙이 좋다는 사람일수록 이런 질문의 벽 앞에 자주 서게 되는 것이 아닐까 싶다. 페레이라 역시 그를 가장 고통스럽게 한 것은 오랜 시간 물 한 모금 마시지 못하고 구덩이에 거꾸로 매달려 있는 고문이나 지옥탕처럼 뜨거운 물 속에 들어가는 것보다 그리스도의 침묵이었을 것이다.

영혼의 길고 어두운 터널을 지난 끝에 마침내 그는 그리스도의 성화 위로 발걸음을 옮긴다. 그리고 그 순간, 그토록 고대하던 그리스도의 음성을 듣는다. "밟아라. 밟아도 좋다. 나는 너희에게 밟히기 위하여 존재하는 것이다." 그리고 그리스도의 그 부드러운 눈빛을 통해 비로소 네가 괴로워할 때 나도 네 곁에서 그 괴로움을 함께 당했노라는, 최후까지 너와 함께했노라는 말없는 대답을 읽어낸다.

피와 눈물로 얼룩진 페레이라가 그리스도의 얼굴 위에 자신의 더러운 발을 올려놓는 순간에 나는 헨델의 〈메시아〉가 장엄하게 울려 퍼지는 것 같은 느낌을 받았다. 연약한 인간이 흐느껴 울며 쓰러지는 그 실패 속에 바로 그리스도의 승리가 있었던 것이다. 이 역설이야말로 사랑하는 자의 고통 앞에서 그분은 결코 침묵하시지 않는다는 징표이기도 했던 것이다.

밟아라. 마음껏 밟아라. 나는 너희에게 밟히려고 왔다.

스물몇 살 때 처음 읽은 《침묵》은 배교자 페레이라에 대한 실망과 분노로 먼저 다가왔다. 마흔 무렵에 다시 읽었을 때는 실망이 연민으로 바뀌어 있었다. 그리고 언제부턴가 나약한 페레이라의 얼굴에 내 모습이 겹쳐지기 시작했다. 그뿐 아니었다. 페레이라는 단 한 번 그리스도의 얼굴을 밟고 지나갔지만, 나는 무수히 십자가의 그분을 다시 찌르고 그 얼굴에 수도 없이 침을 뱉었을 뿐 아니라 어지럽게 발자국을 남겼다는 자책으로 다가왔다. 이 책의 위대한 점은 바로 이렇게 읽는 이의 거울이 되어준다는 점인 것 같다. 그리스도를 현저히 욕보이고 그분을 십자가에 다시 못 박기를 무수히 한 내 오욕의 삶이 책을 통해 거울처럼 드러나는 것을 몇 번씩 느끼곤 했다. 그러나 "나는 의인을 부르러 온 것이 아니라 죄인을 불러 회개시켜왔다."(마태복음 9장 13절) "죄가 많은 곳에 은혜가 더욱 넘친다"(로마서 5장 20절)는 말씀이 찬물 속의 한 줄기 햇빛처럼 나를 서늘하게 비춘다. 자기 의義를 이루려 발버둥치다 꺾이는 순간에 그리스도의 의가 그 쓰러진 자를 일으킨다. 《침묵》은 바로 이 대목을 응시한다.

《침묵》. 앞으로 더 세월이 흘러 다시 읽는다면 그때는 또 어떤 모습으로 만나게 될 것인가.

소유냐
관계냐

제국과 천국

소유냐 삶이냐? 오래전 사회심리학자 에리히 프롬은 이런 제목의 저서로 가히 센세이션이라고 할 만한 화제를 몰고 왔다. 삶의 우선가치에 대한 이 단도직입적인 질문은 이 책을 대학가는 물론 당대 지성계의 필독서로 꼽히게 했다. 같은 제목이 오늘날 주어진다면 어떻게 될까? 주저 없이 "소유고말고"라고 답할 것만 같다. 소유해야 행복하고, 더 많이 소유할수록 더 행복하다는 식의 욕망 학습에 길들여진 현대인에게는 어쩌면 양자택일의 이런 질문 자체가 무의미할 것 같다. 끝없이 탐욕을 부추기는 자본 제국 앞에 무릎 꿇은 현대인에게 어쩌면 삶에 대한 이런 유의 성찰은 낡은 사고가 되어버린 느낌이 들 정도다.

미국 월가의 시민 데모에 대해 어떤 외국 논평이 "도시 노예들의 반란"이라는 표현을 쓴 적이 있다. 아무리 성실하게 열심히 일해도 거대 금융 자본 앞에 시민은 결국 노예처럼 살아갈 수밖에 없다는 논리일 것이다. 여기저기서 '자본주의'가 최선인가 하는 의문과 함께 그 파국을 예견하기도 하지만, 문제는 뚜렷한 대안이 없다는 데 있다. 사탄이 예수 그리스도를 광야에서 시험할 때, "만일 내게 엎드려 경배하면 이 모든 것(천하만국과 그 영광)을 네게 주리라"(마태복음 4장 8~10절)라고 한 것도, 그 예수께서 "하나님과 재물을 겸하여 섬길 수 없느니라"(누가복음 16장 13절)라고 선언한 것도, 바로 인간의 자본과 소유에 대한 욕망이 얼마나 강한 것인가를 직시했기에 나온 언급이었을 것이다. 인간은 끊임없이 소유를 지향하고 재물을 욕망한다. 그러나 그것은 양면성을 지닌다. 선용善用했을 때와 악용 혹은 남용했을 때의 명암이 너무도 극명하게 차이가 난다. 오죽하면 칼 마르크스Karl Marx조차 "나는 이를 악물고 가난을 극복한 사람들은 많이 보았다. 그러나 부富를 극복한 경우는 거의 보지 못했다"라고 했겠는가.

여름의 뒤끝에 전직 언론사 간부 두 사람과 짧은 여행을 했다. 한 사람의 고향이 있는 경북 쪽으로의 여행이었는데, 새삼 우리나라 산천의 아름다움을 만끽할 수 있었다. 내가 그의 옛집 사랑채에 군불을 지피는 동안, 대청마루에서는 누가 이 시대의 참 권력자인가 하는 두 사람의 방담이 이어졌다. 반평생 언론에 몸담았던 이들답게 시종 논리정연하고 날카로웠으며 진지했다. 독재 권력 시대에는 정치 권력이 최고의 권력이었다는 데 의견이 일치했다. 언론 또한 한때는 권력의

이탈리아 말피 코스트의 포시타노와 라벨로에서 한 달 가까이 머문 적이 있다.

조석으로 드는 생각 한 줄. 천국이 이럴까.

정상에 가까웠지만 지금은 아니라는 자조적인 이야기도 나왔다. 결국 권력의 최고 지존은 자본이라는 것이었다. 거대 자본이 채찍을 들고 있지는 않건만 남녀노소 빈부귀천 없이 그 '리바이어던' 앞에 날로 노예처럼 무릎 꿇는 형국이 되고 있다는 것이다. 타닥타닥 타 들어가는 군불을 바라보며 귓전으로 듣고 있던 나는 문득 채찍이니 노예니 하는 말에 옛 로마 제국을 떠올렸다.

《제국과 천국》은 두 사람의 저자가 로마 제국을 향해 들어가는 한 사도의 이야기를 쓰면서 시작된다. 막강한 무소불위 제국의 권위와 권력에 사도 바울은 단기필마로 무모해 보이는 싸움을 건다. 그의 유일한 무기는 펜이었다. 제국의 절대권력을 향해 그의 펜은 〈골로새서〉를 써서 거기에 제국의 헌법과 전혀 다른 하늘의 법을 기록하기 시작했다. 사람들이 광휘에 휩싸인 절대지존 카이사르의 이름으로 인사를 나눌 때 사도는 우리의 참 주인은 나사렛 출신 한 목수라고 가르쳤다. 제국이 주변국을 파죽지세로 무너뜨리며 승리의 쟁취를 구가할 때 사도는 그것은 참 승리가 아니라고 했다. 제국이 사자를 풀어 증오의 불길을 지필 때 사도는 조용히 타오르는 사랑의 불길이 더 무서운 것이라고 말했다. 그는 강성한 그 어두움의 제국에 "동의할 수 없다"고 말했고, 그 제국이 결국은 흙담처럼 무너져 내릴 것이라고 예언했다.

이 대찬 사도는 결국 자기 스승이 그러했던 것처럼 죽임을 당하는데, 그의 죽음 이후 별로 오래 되지 않아 그의 예언은 현실이 된다. 두 저자는 로마 제국에 빗대어 오늘의 거대 자본 제국과 소비사회를 응시한다. 수많은 사람이 자본을 신으로 섬기며 궁극적 충성을 바치고 우상화하는 현실을 주목한다. 그리고 그것이 우상인 한, 어떤 우상이건 간에 우상을 섬기는 삶의 결론이 어떠할 것인가에 대해 소름 끼치는 진단과 예언을 한다.

두 사람은 옛 유대 광야를 표표한 걸음걸이로 걸어가며 외치는 선지자처럼 소비의 왕국과 자본의 우상이 결국 우리를 창조주의 영역에서 단절시켜 끝없이 거짓된 모조품 속에서 낙을 얻고 그 속에 빠져들도록 할 것이라고 경고한다. 그리고 그들의 경고가 이미 현실이 되고 있음을 지적한다. 눈먼 소비주의적 광풍의 세계는 너무도 탐욕적이어서 결국 창조 세계가 주는 생명과 기쁨을 소멸시킬 뿐더러 수많은 상처와 황폐함, 그리고 비인간화 속으로 우리를 몰고 갈 것이라고 직시한다.

그런 점에서 스티브 잡스Steve Jobs가 아닌 웬델 베리Wendell Berry를 예찬한다. 저술가이자 대학 교수였던 웬델 베리는 소비 사회의 위험을 직시하고 그 질곡을 벗어나 직접 채소를 가꾸고 경작하고 글을 쓰며 인생의 후반부를 살아간 사람이다. 웬델 베리가 삶의 방식을 바꾸어 영성을 회복했듯 모든 사람이 그렇게 할 수는 없지만, 우리도 자본과 기술의 거대한 탁류에 떠내려가는 중이라는 것만은 자각하고 그 흐름에서 벗어나야 한다고 역설한다.

이제는 고인이 되었지만 우리나라의 대표 석학으로 불리던 이어령 또한 《생명은 자본이다》라는 책을 낸 바 있다. 그는 이 책에서 사람들은 자본의 소유와 증식을 위해 모든 것을 쏟아붓고 그러다 보면 생명이 경시되거나 희생될 수 있지만, 그러나 정작 크고 위대하며 유일무이한 자본은 '생명'이라고 적시했다. 예컨대 생명이 자본이 되는 '생명 자본주의'가 아니고서는 자본주의 자체가 위기에 직면하리라고 예언한 것이다.

자본은 양날의 칼이다. 밥과 독이다. 그것을 알았기에 일찍부터 서구 사회에서는 '프로테스탄티즘의 윤리'로 '자본의 욕망'을 통제하려 했다. 프로테스탄티즘의 윤리와 자본의 정신이라는 기초 위에서 금융의 자기 통제가 가해지도록 견인한 것이다. 그러나 우리는 다르다. 오랜 시간 자본주의의 실험 없이 훌쩍 부富의 나라로 건너 뛰어와버렸다. 재물의 위험성은 간과되고 '달콤한 악마' 같은 효용성만 극대화되었다. "돈은 좋은 것, 많을수록 좋은 것"을 지나 "돈은 사람보다 중요한 것"은 물론이고 심지어 '가족'보다도 중요하고 좋은 것으로 인식되는 처참한 지경에 이르고 말았다. 급기야 아내와 어머니를 살해하는 보험 살인으로까지 이어지는 지경에 이르게 된 것이다. 끔찍하고 소름 끼치는 자본의 악마적 승리다. 행복은 '소유'보다 '관계'라는 것

을 망각하게

만

든

것이다.

침
몰
해
가
는

타이태닉 호에 타고 있으면서도 그 운명을 까맣게 몰랐던 승객들처럼 우리가 타고 있는 '자본호'는 그렇게 견고하지도 안전하지도 않다. 그렇다. 칼과 창으로 일어난 강성한 로마 제국은 무너졌다. 그러나 금융으로 일어난 자본 제국은 칼과 창 없이도 우리를 시시각각 옥죄어 온다. 우리와 우리를 잇는 다음 세대는 어쩌면 제국의 피의 순교와는 또 다른 백색 순교의 선택 앞에 서야 되는 것은 아닐까.

인생을 '길'이라고들 한다지.
때로는 깜깜한 밤도 만나고 때로는 사막도 만난다는 거야.
그래도 가야 할 길이라는 거지.

남자의 강인한 어깨와 다리. 넘어져도 다시 일어서는 남자는 아름답다.

둔감하라,
맷집을 길러라

리얼 라이프

소설가는 끊임없이 상상력의 그물을 펼쳐 이야기를 지어내야 한다. 도저히 있을 법하지 않은 일들을 현실처럼 펼쳐 나가야 하는 것이다. 그러나 오늘의 현실은 소설가적 상상력을 추월한다. 소설가가 상상력의 그물을 펼치기도 전에 벌써 어깨를 툭 치며 저만치 멀어져 있다. 매일이다시피 신문을 펼칠 때마다 올라오는 끔찍하고 엽기적인 일들을 소설가가 소설로 쓴다면 오히려 리얼리티가 떨어진다는 평을 듣기 십상이다. 이런 형편이고 보니 가끔은 교회나 성당의 강단에서 울려 퍼지는 메시지 또한 현실감 없이 가물가물 들려오게 된다.

삶의 현장은 달아오르고 현실은 가열하다. 산다는 일은 처연하고 때로는 장엄하며 때로는 애달프고 때로는 고통스럽다. 무엇보다 눈물겹다. 얼마 전 앞다퉈 두 명의 젊은 시인에게서 전화가 왔다. 한 사람은 친구이고 다른 한 사람은 제자인데, 공교롭게도 두 사람 다 말기 암이라고 했다. 한 사람은 하늘이 무너지는 것 같다고 했고, 다른 한 사람은 하늘이 노랗게 물든 것 같다고 했다. 그 얼마 전에는 착실한 중견 기업인이 갑자기 구속되는 일이 생기기도 했다. 길가의 거지도 그냥 못 지나칠 만큼 심성이 따뜻한 사람이었다. 면회를 갔을 때 그이는 말했다. "이곳에서의 하루는 밖에서의 일 년만큼이나 길어요." 이따금씩 들려오는 지인들의 절망적 사연들을 접하면서 삶의 실제 상황이란 참으로 예측불허하며 만만치 않은 것임을 절감하게 된다. 무엇보다 제대로 서서 하늘을 향해 가려면 매 순간 순교자적 자세와 각오를 요구당해야 할 정도다. 세계 최고의 IT 강국 한국은 소돔 성에서 그리 멀리 떨어져 있지 않은 것도 사실이다.

이 책은 우리 앞에 펼쳐지는 그 삶의 스펙트럼에 관한 이야기다. 임상 심리학의 세계적 권위자라는 저자가 주로 벼랑 끝에 선 인생들을 바라보며 던지는 조언들로 꾸며져 있다. 그런데 한 번의 강의에 무려 수억 원을 받는다는 이 세계적 유명 강사의 조언들은 그 속내를 들여다보면 어디선가 보고 들은 뻔한 이야기들이다. 그럼에도 불구하고 사람들은 열광한다. 그가 이미 그 분야 최고의 전문가라는 명망을 얻은 데다가 의사로서의 신뢰감과 함께 맏형이나 큰오빠처럼 친근하고 따듯하게 다가오기 때문이다. 그러면서도 에둘러 말하지 않는다.

자연이 주는 위로와 안식, 그 평화여.

예컨대 이런 식이다. 사랑의 상실과 아픔으로 고통받는 사람에게는 더 많이, 더 열렬히 사랑할수록 더 큰 상처와 상실을 각오해야 한다는 것이다. 그러니 애초부터 상실과 상처 없는 사랑은 기대하지 말라는 식이다. 인생은 마라톤이고 가끔은 심장을 파열시킬 만한 언덕을 만나게 되니 쉽게 갈 생각 또한 아예 하지 말라고 말한다. 폭풍의 날이 당신의 엉덩이를 걷어차기 전에 바짝 정신 차려 현실주의자가 되라고 전하며 생애 최악의 날이 온다 해도 그 폭풍 속으로 걸어가며 일단 살아남으라고 한다. 더도 덜도 말고 일단 오늘만 살아나서 버티라고. 어찌 보면 정나미 떨어지는 훈육교사 같은 데도 있지만 결국에는 넘어진 사람에게 "괜찮아. 다시 일어서봐"라고 어깨를 두드려주듯 격려하고 힘을 주는 내용의 연속이다. 인생을 운동 경기에 비유하고 그 경기장의 선수를 응원하는 코치같이 말한다. 운동을 하여 스스로 악착같이 몸을 챙길 뿐더러 기도하여 영혼을 돌보라고.

서점가에서 위로서가 뜬다고 한다. 삶이 힘겨울수록 위로받고 싶은 것이 인지상정이다. 그래서 '괜찮아……' 유의 책이 우후죽순 생겨나는 것이지만, 저자는 그런 점에서 '임상학적 위로서'의 선두주자라 할 만하다.

나는 우리 집 아이들에게 힘겨울 때면 달콤한 위로에 기대기보다는 고통에 대한 맷집을 기르라고 권한다. 인생은 어차피 봄날처럼 따스하다가도 북풍한설 몰아치는 겨울처럼 혹독하고 매서울 수 있는 것이니 평소 맷집을 길러놓아야 한다는 생각이다. 그것이 바로 '리얼 라이프'를 견디고 더 나아가 순리하는 길일 것이다. 인생 코치인 저자도 이 점을 인정한다. 어쨌거나 이 특별한 재능을 가진 인생 트레이너의 지침대로라면 아무리 어렵고 힘든 삶이라 할지라도 한번 살아봐야겠다는 전의를 불태우게 되지 않을까 싶다.

두 개의 권력 사이에 서다

가장 길었던 한 주

나는 민족들의 생사를 좌우하는 중재자다. 각 사람의 운명과 죽음은 내 권력에 달려 있다. 운명이 각 인생에게 어떤 선물을 내려줄지 내 입술이 선포한다. 내 발언으로부터 백성들과 나라들은 기뻐할 이유를 찾을 것이다. 내 호의와 은총이 없다면 온 세상 어느 한구석도 번성할 수 없다. 내 평화가 억누르는 수천의 검들이 내 고갯짓 한 번으로 뽑힐 것이다.

누구의 선언인가. 흡사 인간의 생사화복生死禍福을 주관하는 여호와 하나님의 그것과도 같은 이 선언은 로마 황제 네로의 입술에서 나온 선포다. 일사불란한 군대 조직과 정보망, 거기에 저항할 수 없는 잔혹함으로 정복한 나라들을 다스려 나가는 황제의 통치술을 보여주는 대목이다.

고대 사회에서 로마는 흔히 '문명의 등불'이라고 지칭됐는데, 그것은 로마 제국이 도로와 다리를 건설하고 웅장한 건축과 화려한 예술, 그리고 법과 문학을 꽃피워 다른 민족과 차별화된 데서 기인한 것이었다. 이런 차별성은 우월성으로 인식되어 정복의 논리를 제공하게 된다. 실제로 몇 해 전 로마의 통치하에 있었던 북아프리카의 여러 나라를 여행하면서 로마 제국이 스스로를 '문명의 등불'이라고 명명했던 것을 이해할 수 있을 것 같았다. 분명히 아프리카 땅이었음에도 불구하고 주택, 도로, 관개 등이 유럽과 하등 다를 바 없었기 때문이다.

대체로 로마의 통치하에 들어간 나라는 풍속과 문화가 완전히 로마화된 경우와 로마에 흡수되지 않고 남아 있는 경우로 나뉘었는데, 유대의 경우 후자에 속했다. 전자의 경우는 칼과 군대로 비교적 잘 다스려졌지만, 후자의 경우는 채찍과 당근을 번갈아 쓰는 교묘한 통치술이 필요했다. 로마 정부가 그 통치술의 하나로 활용한 것이 고유 종교인 유대교의 지도자들이었다. 부富를 쥐고 로마 권력의 비호를 받은 이 종교지도자 집단이야말로 유대의 실질적인 권력층이었기 때문에 부임한 총독들도 그들의 눈치를 살필 수밖에 없었던 것이다.

이 책은 이 두 권력 사이에 선 그리스도 예수가 겪은 고난의 한 주에 대한 다큐멘터리적 기록이다. 사실 예수에게는 돈과 권력을 함께

천국의 빛과 색. 그 눈부심을 뉘라서 감히 상상이나마 할 수 있으랴.

쥐고 있던 안나스와 가야바가 로마의 총독보다 더 힘겹고 버거운 상대였을지도 모른다. 바빌로니아 탈무드에 나온다는 한 '애가'는 유대 사회에서 유대교 지도자와 가문이 저질러온 악행이 어느 정도였는지 가늠하게 해준다. "베두스의 가문으로 말미암아 내게 화 있으리라. 그들의 막대기로 말미암아 내게 화 있으리라. 하닌(하난, 즉 안나스)의 가문으로 말미암아 내게 화 있으리라……. 그들의 주먹으로 말미암아 내게 화 있으리라. 대제사장과 그들의 아들은 성전 회계원이며 그들의 사위는 보간인이며 그들의 종은 막대기로 사람들을 때린다."

예수의 십자가 처형으로 인해 로마 권력층과 유대 종교지도자들은 일단 승리한 듯 보인다. 책의 서두에 나와 있는, 누가 쓴 것인지 모를 짤막한 보고서에도 "요셉의 아들 예수라는 사람이 예루살렘에 입성하여 그에게 환호하는 무리를 이끌고 다니며 로마의 권위에 대항하고 성전에서 소동을 일으키다가 재판을 받고 십자가형에 처해졌는데, 이런 일은 제국의 변방에서는 늘 있는 일 중 하나"라고 기록됐을 정도였으니까. 그러나 버림받고 쓸쓸히 죽어간 그 죽음이야말로 위대한, 참으로 로마가 꿈도 꾸지 못했던 너무도 위대한 승리의 서곡이 되리라고는 아무도 예상하지 못했다. 이 책은 그 실패한 듯 보이지만 승리의 문을 연 한 주일간의 치밀한 기록이다. 2000년 전 그때 그곳에서 가장 길었던 한 주에 대한 기록인 것이다. 1000년 같았던 한 주에 대한 르포인 셈이다.

신의 아들, 죽어서야 여인의 품에 안기다.

죄,
살을 찢다

창

1989년 11월 23일 새벽. 나는 작업실에서 연탄가스에 중독되어 대학병원으로 실려 갔다. 그때만 해도 연탄을 때는 집이 많았지만 설마 내가 연탄가스 중독으로 사경을 헤매리라고는 꿈에도 생각 못 했다. 길고 험한 수술이 이어졌다. 부분 마취가 풀리면서 생살을 찢는 아픔이 지나갔다. 내 왼쪽 다리에 길게 절개한 부분으로 작은 바늘이 뚫고 지나갈 때마다 그 고통은 엄청난 양으로 육신 전체로 퍼져나갔다. 문득 이 고통을 참다가 어금니가 바스러지는 것은 아닐까 하는 생각이 들 정도였다. 정신까지 혼미해지는 느낌이었다. 그때 예수 그리스도의 갈보리가 떠올랐다. 피와 땀으로 범벅된 그 얼굴이 다가왔다. "아프냐. 나는 너의 죄로 인해 더 아프다." 그 얼굴은 내게 그렇게 말하는 것 같았다. 그와 함께 그분의 사지에 광광 박히던 큰 못과 옆구리의 창이 생각났다. 그리고 이 모든 고통이 관념이 아닌 현실이라는 데 비로소 생각이 머물렀다.

그렇다. 십자가의 고통은 관념이 아닌 처절한 현실이었던 것이다. 육신의 고통을 당하면서 비로소 그리스도의 육체 고통이 생생한 현실로 다가왔다. 그때까지 내가 경험한 육체의 고통이라는 것은 치과에서, 그것도 마취 상태에서 경험한 것 정도가 전부였다. 따라서 그리스도의 육체적 고통도 지식이나 사건의 기록으로만 알 수 있을 뿐, 관념으로만 받아들여졌던 것이다. 그러나 십자가의 육체적 고통을 축소시키거나 관념화시키려는 모든 시도는 하나님의 구원 사역마저 무너뜨릴 만한 위험천만한 일이라는 것을 비로소 병상에서 알게 되었다. 그분이 속죄의 제물로서 당한 육체의 고통은 전 인류의 죄를 대속하고도 남을 만한 것이었다.

이 그리스도의 육체적 고통을 격하시키거나 관념화시킬 때 우리는 스스로의 구원을 위해 선행을 비롯한 무언가를 그 죽음 위에 보태야만 될 것 같은 유혹에 빠진다. 그래서 그리스도의 죽음은 역사와 함께 퇴색하거나 관념화될 수 없는 여전하고 생생한 현실이어야 하는 것이다. '나의 죄'가 그분의 십자가 고통보다 더 크고 심각하게 느껴질 때마다 '구원' 또한 흔들릴 수 있음도 그 때문이다.

《창》은 갈보리에서 예수의 옆구리를 자신의 창으로 찔러 절명시킨 로마 병사 카시우스 롱기누스에 대한 문학적 기록이다. 젊고 매력적인 한 로마 청년이 십자가 형틀에 묶인 나사렛 사람 예수를 어떻게 자신의 창으로 찔렀으며, 그 살상 전후에 그에게 어떤 일이 일어났는지에 대한 보고서 형식의 문학 작품이다. 예수 그리스도가 처형된 후 군대에서 백부장이 되기까지 로마 군인으로 승승장구해 전도유망하던 주인공 롱기누스는 자기가 죽인 그 사람이 그리스도였음을 나중에 알고 나서 깊은 충격에 빠진다.

어느 날 그는 야위고 수척한 얼굴로 사막 속으로 걸어간다. 사막에서의 처절한 고독과 참회의 시간이 지난 후 전역 신고서를 쓰고 베드로를 만난다. 장래가 보장된 로마 군인의 신분에서 갈릴리 유대인 어부의 제자가 되기를 자청한 것이다. 이후 그는 가는 곳마다 자신이 예수 그리스도 살해 현장에 있었을 뿐 아니라 본인이 바로 자신의 창으로 예수의 옆구리를 찔러 물과 피를 쏟게 함으로써 예수를 죽게 한 장본인임을 고백한다. 그리고 그 고백의 움직일 수 없는 증거로 그의 창이 제시된다. 참으로 아이러니한 일이지만 이 병사의 증언을 통해 날이 갈수록 예수의 죽음과 부활의 사실이 만천하에 보다 확실하게 드러나게 된다. 로마 병사의 불의한 무기인 창이 의로운 병기의 하나로 탈바꿈한 것이다.

그러나 예수를 찌른 것은 롱기누스의 창만이 아니다. 우리는, 아니 나는 날마다 죄의 창으로 무수히 십자가의 그분을 다시 찔렀다. 이제 병사의 창은, 그 번쩍이는 끝은 나와 그리고 당신을 향하고 있다. 창에 찔려 그리스도와 같은 육체적 죽임을 당하지 않고서는, 즉 육성과 죄성이 그 창에 의해 찔려 죽지 않고서는 누구도 그리스도의 구원의 문 앞에 설 수 없다는 것을 일깨워주고 있는 것이다. 아울러 "엘리 엘리 라마 사박다니" 절규하던 그 육체의 고통은 결코 관념화되거나 약화될 수 없는 너무도 끔찍하고 처연한 것임을 말해주고 있는 것이다.

주여, 저 어둠의 땅에 교회를 세우게 하소서

십자가 그늘에서

한국 목회자와 신학자들 중에는 자주 디트리히 본회퍼Dietrich Bonhoeffer(독일 신학자, 히틀러의 교회 공격에 대항하다가 처형되었다)나 위르겐 몰트만Jurgen Moltmann(독일 신학자, 개신교 조직 신학자로 100세인 지금도 현역이다), 혹은 이웃 나라 일본의 우치무라 간조內村鑑三(일본의 기독교 사상가, 무교회주의자로 유명) 등을 거론하며 설교하기를 좋아하는 이들이 있다. 그러나 한국의 이승훈이나 김교신, 윤치병 같은 기독교 사상가나 설교자를 말하는 경우는 드물다. 선교 한 세기를 훌쩍 넘어선 지 오래인데, 이제는 우리도 자생적 신학의 터를 다질 때가 되었다고 본다. 우리 기독인들에게도 푯말을 세워주고 후학들이 그 빛을 따라 걷도록 해야 할 것이다. 충분히 그럴 때가 되었다고 본다. 한국 교회가 잊을 수 없고 잊어서도 안

되는 인물 중에 전성천 박사가 있다.

격동기를 살아가면서 그분처럼 기독교적 사상의 스펙트럼을 넓게 펼치며 영향력을 끼친 이도 드물건만 아는 이는 알고 모르는 이는 모른 채 역사의 한 페이지 속으로 넘어갔다. 하지만 나는 한국 근현대사에서 전 박사야말로 실천신학자이자 목회자의 한 분으로 기억되고 기록되어야 할 인물이라고 생각한다. 이 시대 기독 청년들의 사표가 될 만한 어른이라고 생각한다. 캄캄한 질곡과 어둠을 뚫고 하나님의 약속만을 의지하며 길을 뚫고 나간 웨이 메이커Way Maker였다는 점에서도 그렇다.

하은霞隱 전성천 박사. 그는 민족의 여명기에 건국의 한 초석을 세운 인물이다. 무엇보다도 그이는 저 유명한 광주대단지 사건에 뛰어들어 혼신을 다해 사태를 수습하며 증오와 갈등의 터 위에 하나님의 교회를 세운 인물이다. 지성의 빛을 찾아 천신만고 끝에 이룬 프린스턴과 예일의 학문적 성취를 뒷전으로 한 채 그는 일제로부터 겨우 다시 찾은 이 나라의 고통과 아픔을 응시했으며, 그곳으로 직접 발 벗고 뛰어들었던 인물이다. 그렇게 함으로써 실천궁행實踐躬行하고 행동하는 지식인, 그리고 신앙인의 이정표를 세운 분이다.

그이는 이승만 정권에서 문화와 공보 부문의 수장을 지냈다는 원죄로 정권이 몰락할 때 함께 고초를 받으며 긴 시간 영어의 몸이 되기도 했다. 유일하게 대통령의 정권 연장을 반대하여 정권의 눈밖에 났지만 그런 사실과는 아랑곳없이 역사는 단죄했고 그는 순응했다. 처음 정부에 몸을 담게 된 것도 자의는 아니었다. "전 박사가 밖에서 내 욕을 하고 다닌다는데 욕만 할 것이 아니라 들어와서 나를 좀 도와주게"라는 대통령의 권유 때문이었음을 이 책은 밝히고 있다. 어쨌거나 저자는 항일에 의한 옥고에 이어 광복 조국에서도 영광보다는 쓰라린 아픔을 더 많이 겪어야 했다.

그 옛날 몇 안 되는 예일의 박사학위만으로도 충분히 대학교수나 총장이 될 수 있었을 것이고, 실제로 그는 미국 측으로부터 항공권과 함께 교수 청빙請聘을 받기도 했지만 시대의 회오리 바람은 학자와 교수로만 한 생애를 마치도록 그에게 허락하지 않았던 것이다.

그런데 우리가 짚어야 할 대목은 고난에 임했을 때 매번 그가 보여준 관점이다. 그는 날벼락같이 덮친 고난과 고통의 시간을 하나님의 관점에서 바라볼 줄 아는 지혜를 가지고 있었다. 이를테면 느닷없는 영어의 시간 속에서도 앙앙불락怏怏不樂하거나 억울해하지 않고 잡범들과 함께 생활하면서 그들에게 복음을 전했다. 요셉처럼 "이 또한 하나님의 뜻"이라는 생각이 확고했다. 교도소, 그 캄캄한 어둠 속에서도 '말씀'으로 빛을 발함으로써 죄수들로부터 존경을 받았다. 그이에겐 실로 궁궐이든 초막이든 처한 곳이 문제가 아니었다. 그리스도, 그 존귀한 분과 함께 있는 한 눈앞에 펼쳐진 상황이 아무리 절망적이라 해도 어려울 것이 없었다. "지식인은 나약하다. 특히 기독 지식인은 더 그렇다"는 통념을 뒤집어 엎었다. 그는 온유했으나 강인했고 부드러웠지만 단호한 사람이었다.

저자 전성천 박사는 1913년 경상북도 예천군의 '용궁'이라는 한 작은 마을에서 출생했는데, 기적 같은 일은 그 산골의 작은 마을에 예배당이 있었다는 사실이다. 그리고 그 마을의 거의 모든 사람들이 그 교회에 다니고 있었다는 사실이다. 놀라운 일이 아닐 수 없다. 후에 저자가《영남기독교사》라는 방대한 저술을 남기게 된 것도 처음 만난 교회와의 인연과 무관치 않았을 것이다.

초등학교 무렵 그는 이미 영재로 소문난 소년이었지만, 당시 집안 형편으로는 상급 학교에 진학하기도 녹록지 않았다. 공부하고 싶었던 소년은 하루에도 몇 번씩 예배당 마룻바닥에 엎드려 전능하신 하늘의 아버지께 길을 열어주십사 하고 기도했다(이 사실은 그의 첫 자서전《낙동강 소금배》에 자세히 나와 있다). 어떨 때는 자신이 무릎 꿇었던 자리의 마룻바닥이 움푹 들어가 보일 만큼 기도에 매달리고 또 매달렸다고 한다. 그리고 마침내 전능자 하나님은 산골 소년의 기도에 응답하셨고, 그의 원대로 길을 열어주셨다. 예컨대 홍해를 갈라 길을 내시듯 그 산골 소년에게 아오야마 가쿠인 대학과 프린스턴, 예일에서 공부하고 학위를 마칠 수 있도록 시온의 대로 같은 길을 열어주신 것이다.

가장 극적인 대목은 그가 미국의 한 대학으로부터 교수 청빙을 받아 한국을 떠나려는 순간에 일어났다. 영욕의 세월을 뒤로하고 떠나기 전 마지막으로 둘러본 조국의 한 풍경이 그를 붙잡아버린 것이다. 바로 청계천 철거민들이 산비탈에 다닥다닥 쳐놓은 천막촌 풍경이었다. 거기서 집시들처럼 식솔들이 들락날락하고 있었다. 수천 개의 천막들에서 구물구물 사람들이 들고 나는 모습에 그는 아연실색 충격을 받게 된다. 그곳이 이른바 광주대단지(지금의 성남) 철거민촌이었다. 천막촌 아래로는 교육시설이 아닌 울긋불긋 화장을 한 여인들의 홍등가가 줄지어 몰려 있었는데, 전기나 수도 같은 것이 아예 없어서 밤에는 희미한 램프나 촛불에 의지할 수밖에 없었다. 실로 암흑천지였다. 어른은 고사하고 아이들이 마실 물은 어디에서 가져온단 말인가. 미국으로 떠나려던 예일대 박사는 자동차에서 내려 그 풍경을 보면서 삶의 코페르니쿠스적 전환을 한다. 벼락처럼 덮친 생각. 내가 머물 곳은 이곳이다!

그는 양복 안 주머니의 교수 초빙 서류와 비행기 표를 꺼내 그 자리에서 찢어버린다. 왜 그랬을까. 아주 짧은 순간에 산골 마을 상락면 용궁마을의 무릎 꿇던 교회당 자리가 생각난 것이다. 삼면이 산으로 둘러싸여 트인 곳은 하늘밖에 없는 그곳에서 길을 열어주신 분께서 동포의 고난을 외면한 채 홀로 안락하게 사는 삶을 기뻐하지 않으실 것이라는 생각. 그렇다. 내가 머물 곳은 이곳이다. 나는 하나님께 사랑의 빚을 진 자다. 그 빚의 한 귀퉁이만이라도 갚아드려야 한다.

이후부터 그의 삶은 필설로 다할 수 없는, 그야말로 순교적 삶에 가까운 것이었다. 쌀독에서 인심 난다고 했다. 먹을 것이 없으면 흉흉해진다. 천막촌 이주민들은 허구한 날 악에 받쳐 정부를 성토했지만, 그 힘을 조직적으로 모아 합리적으로 쓸 줄은 몰랐다. 피차간에 악다구니를 쓰다 제풀에 나가떨어질 뿐이었다. 이주민과 정부 사이의 중재

동양화가인 아내 김옥 여사가 그린 부군의 초상.
군더더기 없이 능숙한 필치로 학자이자 목회자였던 전 박사의 캐릭터를 드러내고 있다.

자가 필요했다. 전 박사는 그 중재가 자신의 소명이라고 생각했다. 한 때 정부 각료와 언론사 수장을 지내게 하신 것도 "이때를 위함이 아닌 줄 누가 알겠느냐"(에스더 4장 14절)고 생각했다. 중재의 첫 길은 저주의 악다구니가 들끓는 저곳에 교회를 세우는 것이라고 생각했다. 그의 생각에는 그리스도의 사랑이 아니고서 이 문제는 풀 길이 없었다. 구원의 문제는 둘째 치고 사람들에게 화해와 용서, 사랑을 가르쳐야 하고, 그러려면 장소가 필요하다는 생각이었다. 주여, 저곳에 교회를 세우게 하소서. 옛날 산골 예배당에서 길을 열어주십사고 기도했던 것처럼 교회를 세워달라고 기도했다. 그리고 떨어진 하나님의 응답. 네 이름으로 교회를 세우되 네가 세워라. 그렇게 해서 가산을 정리해 세운 사랑의 학교가 바로 오늘의 성남교회다.

이 대목에 참 눈물겨운 순종과 내조가 있었다. 그의 아내는 서울대 미대를 나온 재원이었다. 빼어난 미모와 부덕婦德을 두루 갖춘 꽃다운 나이로, 부군을 따라 이제 곧 펼쳐질 미국에서의 삶에 대한 분홍빛 꿈에 부풀어 있었다. 그런데 어느 날 들어온 남편으로부터 청천벽력 같은 소리를 듣게 된다. "우선 우리 집부터 팔아야겠소." 곧 비행기를 타게 짐을 꾸리자는 것이 아니라 교회를 세우기 위해 집을 팔아야겠다는 것이었다. 그러나 아내 김옥은 "그러면 우리는 어디로 가나요" 라고 묻지 않았다. 참된 사랑에는 수학이 없다. 성경상 사랑의 정의는 맨처음 시작이 이렇다. "사랑은 오래 참고……"(고린도전서 13장 4절). 달콤하고 따뜻한 그 무엇이 아닌 인내, 그것도 막연하고 긴 인내가 사랑의 조건이라는 것이다. 이후 남편은 공덕, 가리봉, 퇴계원, 심지어 강원도 진부령과 횡간까지 척박한 곳마다 찾아다니며 교회를 개척했다. 그때마다 아내는 "아니요"라고 말하지 않았을 뿐 아니라 섬섬옥수로 모아둔 적은 돈을 남편 앞에 내놓았다. 그러면서 말없이 남편의 가는 길을 응원했다. 《십자가 그늘에서》를 펼치면 저자는 첫 페이지에 그런 아내에 대한 고마움의 말을 담고 있다.

하은 전성천 박사가 천국으로 주소를 옮긴 지 어느새 15년이다. 이제는 한국 교회도 남의 나라 아닌 이 땅의 기독 위인들을 챙겨보아 마땅할 때라고 생각한다. 사람은 기록으로 기억되고 기억된 역사만이 살아남는다.

나는 언젠가 신문지면을 통해 자발적 가난을 실천한 프랑스의 피에르 신부 책과 함께 저자의 《낙동강 소금배》를 소개한 적이 있는데, 그 책은 아직도 내 서재에 놓여 있다. 내 눈은 왕왕 "하도 기도하여 예배당 마룻바닥이 움푹 파인 듯한 느낌이 들었다"는 대목에서 멈춘다. 무릎으로 한 생애를 살았던 거인 전성천 박사, 시대는 어려운데, 보며 따라가고 싶은 그 같은 큰 어른은 좀체 보이지 않는다. 그러고 보면 기독교의 위기는 어른이 없다는 위기이기도 한 것이다.

고난에 대처하는 법

나의 고통, 누구의 탓인가 갑자기 닥친 고통과 고난의 시간에는 기도마저 잘 되어지지 않는다. 캄캄한 벼랑 끝에 선 듯 한 발짝도 앞으로 뗄 수 없을 것 같은 순간에는 성경을 펼 힘조차 없다. 겨우 몇 구절을 입술로 되뇔 수 있을 뿐이다.

> 사람이 감당할 시험밖에는 너희가 당한 것이 없나니, 시험 당할 즈음에 또한 피할 길을 내사 너희로 능히 감당케 하시느니라.(고린도전서 10장 13절)

> 우리가 알거니와 하나님을 사랑하는 자 곧 그 뜻대로 부르심을 입은

자들에게는 모든 것이 협력하여 선을 이루느니라.(로마서 8장 28절)

나는 고난의 때에 위의 두 말씀을 머리로 떠올린다. '하나님, 이것도 제가 감당할 만한 것입니까. 이번에도 피할 길을 내주시겠습니까. 일어난 이 일도 결국엔 좋은 일인가요. 하나님이 제게 주신 계산법은 플러스 마이너스 이퀄 플러스인가요.'

이번에도 그리고 마지막으로 한 줄을 떠올린다.

여호와의 산에서 준비되리라.(창세기 22장 14절)

조용히 입술을 달싹여 이 세 구절을 암송하고 나면 겨우 숨쉬고 일어날 수 있게 되는 것이다.

목회자들마다 주목하고 힘주어 강조하는 부분들이 있는 것 같다. 1970~1980년대 부흥목사들은 주로 치유와 축복의 메시지를 들고 나왔다. 한국 사회가 의료시설도 부족하고 경제적 빈곤에서 막 일어서려던 즈음이었다. 그런 면에서 옥한흠 목사는 고통의 신학자이자 설교가라는 생각이 든다.

《나의 고통 누구의 탓인가》는 욥기의 강해설교집인데, 그 외에도 《고통을 다루시는 하나님의 손길》과 《고통에는 뜻이 있다》 같은 책들을 통해 '고통의 신비'와 '고통의 섭리'를 미시와 거시의 성격적 눈을 통해 꿰뚫어보고 있기 때문이다. 고통의 '교사'처럼 저자는 고통을 이유를 알 수 없이 덮치는 고난과 어느 정도 이유를 알 수 있는 고난

사자후를 토하던 그 설교가의 말言들은 하마 천상에까지 닿았을까.

으로 분류하면서 고난에 대처하는 자세를 가르친다.

먼저 이유를 알 수 없는 고난. 순전하고 정직하여 하나님을 경외하고 악에서 떠난 욥에게 닥친 고난이다. '어느 날' 그에게 고난이 덮친다. 손 쓸 새 없고 숨 돌릴 틈 없이 불가항력적으로 덮친 고난이다. '어느 날' 우리에게도 이런 고난이 닥칠 수 있음은 물론이고말고다. 둘째는 죄를 범하여 스스로 끌어당기는 고난이다. 이 대목에서 저자는 재미있는 비유를 한다. 오늘을 사는 성도는 마치 유흥가를 한밤중에 걸어가는 순결한 젊은 여성과 흡사하다는 것. 조심하지 않으면 자칫 마귀가 파놓은 유혹과 죄의 덫에 걸려 웅덩이에 빠져버릴 수 있다는 것이다. 무력하게 죄의 덫에 걸려들면 곧이어 고난과 고통이 덮치는데, 따라서 이러한 무서운 결과를 예방하기 위해서는 작은 감정까지도 세심히 살피고 다스려서 "우는 사자같이 삼킬 자를 찾는"(베드로전서 5장 8절) 마귀의 밥이 되지 말아야 한다는 것이다.

그렇다면 두 가지 고난을 피하고 고난을 이기기 위한 방책은 무엇인가. 너무 평범한 말 같지만 불변의 진리이신 그분, "예수님만 바라보아야 한다"이다. 그분에게서 눈을 떼지 않고 고난 속에서도 우리를 지키고 보호해주신다는 약속의 말씀을 믿으며 그 보호자가 인도하시는 대로 가다 보면 슬픔이 변하여 기쁨이 되게 하시는 놀라운 섭리를 발견하게 된다는 것. 이 고난이 무엇 때문인가 분석하고 묻기 전에 스스로 겸비하고 회개하며 얼굴을 그리스도에게로 향해야 한다는 정석적인 논리다.

나는 생전 저자와 잠시 한 기업의 문화 관련 자문위원을 지낸 적이 있다. 홍정길 목사 등도 함께했다. 강단에서 사자후를 토하던 그분이 그 자리에서는 조용하고 내성적이며 사색가적인 전혀 다른 모습으로 비쳐졌다. 가끔 쉬는 시간이면 새로 찍은 사진이라며 핸드폰 속 사진을 보곤 했다. 그리고 얼마 안 되어 신문지상을 통해 그분의 부음을 보게 되었다. 지금 생각해보면 이미 병고가 깊어 있었을 텐데도 전혀 내색을 안 해서 나는 까맣게 모르고 있었다. 그분 스스로 고통과 고난을 조용히 통과하면서 하나님의 섭리 안에서 수용해내고 있었던 것이다.

도시의 광야에서 외치던 선지자 같은 그이에게 병의 고난이 덮친 이유를 저자는 "왜?"라고 묻지 않았을 것 같다. 오히려 "고난당하는 것이 유익"이라는 바울의 고백을 되뇌었을지 모른다. 대형 교회를 일으켰으면서도 여행자와 나그네 같은 삶을 표표한 걸음걸이로 걸어갔던 저자는, 지내고 보니 사랑의 교회 담을 넘어서서 한국 교회의 큰 스승이었음을 깨닫게 된다.

3장 부디 기도하고 기도하라

기도하라,
그럼에도 불구하고

기도

내게는 두 아들이 있다. 이제는 장가들어 각각 아버지가 되었는데, 예전에 한밤중 방문을 열어보면 거의 늘 컴퓨터 앞에 앉아 있곤 했다. 문을 닫고 돌아설 때면 가슴으로 한 줄기 우수가 지나갔다. 기도를 잃어버린 세대, 컴퓨터가 '오늘의 양식'을 제공하는 세대를 바라보는 우수다. 왜 기도하지 않는 것일까. 어떻게 기도하는지 몰라서 그러는 것 아닐까.

정신과 의사 친구의 권유로 명상에 관한 책을 한 권 샀다. 책의 99%는 명상이 정신과 몸의 건강에 얼마나 좋은가에 관한 내용으로 채워져 있었다. 명상으로 효과를 본 많은 사례들도 나와 있었다. 그런데 놀랍게도 책의 마지막 페이지가 다가와도 어떻게 명상하는가에 대한 구체적인 설명 같은 것은 단 한 줄도 없었다. "무념무상 상태로 단

기도, 대양에 뛰어드는 아이처럼 할 수만 있다면.

전에 힘을 주어……"와 같은 그럴듯한 구절 하나 없었던 것이다. 그냥 명상이 좋다. 그러니 당신도 해보라는 식이었다. 책을 덮으면서 문득 '기도'에 관한 수많은 책들 또한 그렇지 않은가 하는 생각이 들었다.

기도는 좋다. 영적 호흡이다. 당신이 기도하면 하나님이 응답하신다. 그러니 기도하라……. 철들 무렵부터 나는 기도에 관한 백전노장들의 간증에 둘러싸여 자랐다. 어머니와 형, 그리고 누나들의 기도에 관한 무용담을 듣노라면 풀이 죽곤 했다. 오직 나 혼자만 벽 앞에 서 있는 듯 막막한 심정이었던 것이다. 어떻게 기도해야 하는가. 내 기도는 맞는 것일까. 아니, 나의 웅얼거림이 기도이기는 한 것일까.

필립 얀시 Philip Yancey의 《기도》. 나는 처음에 좀 뜨악했다. 그 제목이 어쩐지 그에게 어울리지 않는다는 느낌이 든 게 사실이었다. 기도에 관한 명저를 쏟아낸 O. 할레스비 Ole Hallesby나 E. M. 바운즈 Edward McKendree Bounds라면 몰라도 필립 얀시에게 '기도'는 아무래도 치렁치렁한 검은 사제복을 입은 것처럼 거북하게 느껴지는 것이었다. 그 이름에서 풍기는 느낌처럼 그간 그의 책들은 내게 보다 산뜻하고 감각적이며 대중적인 그 어떤 느낌으로 다가왔기 때문이다. 아닌 게 아니라 그는 웬만하면 '기도'라는 주제와 맞닥뜨리고 싶지 않았노라고 고백했다. 저자 자신이 제대로 기도하지 못한 죄책감과 열등감에 시달려왔으며, 응답받은 기도에 기뻐하기보다는 응답받지 못한 기도에 실망하고 집착했던 것이 사실이라는 얘기도 했다. 그런 고백 후에 놀랍게도 저자는 전통적이며 무겁고 장중한 주제인 '기도'에 대해 자기

스타일의 참을 수 없는 가벼움으로 접근한다. 가벼움이 아니라 진솔함이라고 하는 편이 좋겠다. 놀랍게도 그는 자신이 기도의 왕초보임을 고백하면서 도대체 어떻게 기도해야 하는 것인가에 대해 왕초보들끼리 함께 탐험을 시작해보지 않겠느냐고 권유한다. 비로소 이 시대의 가장 저명한 복음주의 작가 중 한 사람이자 저널리스트로 알려진 저자가 기도의 왕초보라면 매번 기도의 절벽 앞에 선 듯 막막했던 나 또한 기도할 수 있는 것 아닌가 싶은 생각이 들었다.

그는 글쟁이 기질을 발동해 전문가가 아닌 순례자의 마음으로 함께 기도의 산을 넘고 기도의 광야를 건너보자고 권유한다. 하나님의 영역에다 기도를 통해 모든 짐을 부려놓고 어찌 되는지 호기심 어린 눈으로 지켜보자는 식이다. 기도에 관한 이런 접근의 태도에 호기심과 호감이 동했다.

세상은 날이 갈수록 광속으로 빨리 돌아가고 있어 진득이 무릎 꿇지 못하게 한다. 뭔가 어깨를 툭 쳐서 돌아보면 그것은 저만큼 미래가 되어 멀어지고 있다. 현대인들은 기도라는 불확실성보다는 인터넷을 통해 묻거나 전문 카운슬러의 문을 두드리곤 한다. 신앙 좋은 사람이라 해도 자녀들이 아플 때 무릎 꿇는 대신 병원을 찾거나 앰뷸런스부터 부른다. 가끔씩 산소도 없고 출구도 없는 방 안에 있는 것처럼 답답해질 때면 옛날 어렵고 고된 삶 속에서도 어머니를 통해 기도의 간증을 듣던 시절이 그리워지곤 한다. 부족과 결여투성이였던 그 시절의 삶이 영적으로는 가장 풍요로웠던 때임을 지금 돌아보면서 느끼게

기독교, 순전한 초원, 그리고 멀리 하얀 집 한 채.

되는 것이다.

우리는 지금 기도가 그 힘과 빛을 잃어가는 시대를 살고 있다. 기도를 대신할 번쩍거리는 그 어떤 것들에 눈을 빼앗기고 있다. 확실히 그렇다. 저자의 언급처럼 등 따뜻하고 배부르게 된 현실 역시 기도를 무력화시키고 있다. 한마디로 이 시대는 기도에 관한 회의로 가득 찬 공기를 숨쉬며 살고 있는 것이다. 저자는 그럼에도 불구하고, 아니 그렇기 때문에 더 기도하자고 권유한다. 다만 그것이 의무가 아닌 기쁨이자 특권이 되기 위해서는 운동으로 근육을 키우듯 약간의 훈련이 필요하다고 말할 뿐이다. 그리고 그 훈련의 첫 번째는 뜻밖에도 "가만히 있으라"는 것이었다. 그저 가만히 있어 그분이 "하나님 되심을 아는 것"(시편 46편 10절)이야말로 효과 있는 기도의 첫 출발이라는 것이다. 말할 것도 없이 그런 태도야말로 내 삶의 주인이 내가 아닌 하나님 그분이심을 인정하는 첫 출발인 것이다.

기도.

온 우주를 창조하신 그분과 내 오염되고 연약한 입술이 기도의 줄로 연결된다고 하는 이 놀라운 섭리. 이 특권을 열어주신 하나님께 어찌 감사하지 않을 수 있으랴.

믿으면서 믿지 않는 그대는 누구인가?

크리스천 무신론자

얼마 전 영화 한 편을 보았다. 제목은 〈천국에 다녀온 소년〉. 네 살 난 어린아이가 천국을 보고 와서 진술했다는 책 《헤븐 이즈 포 리얼Haven is for real》을 영화화한 것이다. 콜튼이라는 이름의 이 어린 소년은 수술을 받던 중 유체이탈을 해서 자신이 수술 받는 모습을 보았을 뿐 아니라, 그 시간 교회에서 울부짖으며 기도하던 아버지와 다른 장소에 있던 어머니를 본다. 그리고 이윽고 천국에 가서 어머니가 낙태한 누이와 아버지의 아버지, 즉 얼굴도 본 적 없는 할아버지를 만난다. 물론 베드로로 추정되는 인물과 천사들까지도. 그리고 예수님의 무릎에 앉아 대화를 나눈다. 깨어난 소년에게 사람들의 질문이 빗발쳤다. 천국이 어떻게 생겼느냐고. 소년은 여기와 비슷한데 훨씬 좋다고 말한다. 또한 그곳에는 번쩍이는 보석들과 아름다운 무지갯빛이 있으며, 늙은 사람은 하나도 없었고, 안경 낀 사람도 없었다고 말한다.

그런데 문제는 천국이 있고 그곳에 사람들이 산다고 한 소년의 말에 교회가 술렁댔다는 점이다. 혼란에 빠지고 불편해하며 항의하는 사람들이 생겨났다는 점이다. 콜튼의 아버지는 작은 교회의 목사였다. 혼란에 빠지기는 예배 때마다 '천국'의 존재를 역설했던 그 또한 마찬가지였다. 늘 얘기했던 그 천국이 실제로 있더라는 어린아이의 말에 당혹해하고 혼란스러워했다. 그렇다면 그것이 관념이 아니고 실재라는 말이냐? 공간과 장소성을 가지고 있다는 말이냐? 아마 아버지도 아들에게 그렇게 채근하고 싶었을지 모른다.

우리는 '믿는다'고 하나 대부분 믿지 못하고 있다. 그리고 이런 풍경이야말로 '말씀'과 '은혜'와 '천국 메시지'로 넘쳐나는 우리 시대 교회의 일그러진 자화상이 아닐 수 없다. 이 책에는 '하나님을 믿는다면서도 마치 그분이 없는 것처럼 잘 사는 그대에게'라는 부제가 붙어 있다. 가슴이 철렁한다. 그렇다고 결코 빈정대거나 비아냥거리는 투는 아니다. 비슷한, 아니 더욱 과격한 지적을 오래전 예수님께서도 하시지 않았던가. 정기적으로 금식하며 십일조를 빠뜨린 적 없고 계명에 철저한 바리새파 교인들. 그리고 치렁치렁한 사제복 차림으로 평안히 가라고 들고나며 복을 빌어주던 종교지도자들에게 "회칠한 무덤", "독사의 자식들"이라고까지 하시지 않았던가. 이 책은 위선과 기만, 탐욕과 교만, 염려와 불신 속에서 헤매는, 그러면서도 감아놓은 태엽처럼 주일이면 어김없이 교회를 찾는 크리스천들의 어느 한 모습을 적나라하게 비춘다.

저자는 A. W. 토저 Aiden Wilson Tozer가 "그대는 가짜인가, 진짜인가"라고 물었던 바로 그 질문처럼, 크리스천의 참다운 정체성에 대해 질문하고 싶어 한다. 예컨대 신실한 크리스천과 냉담한 불신자들 사이에 선 '중간지대 사람들'을 응시하고 싶어 하는 것이다. 도저히 삶이 못 따라가는 지식적인 크리스천. 죄와 회개의 쳇바퀴를 일상처럼 돌며 넘어지고 일어서기를 거의 평생에 걸쳐 되풀이하는 크리스천. 특히 교회에서는 침울하고 백화점 문 앞에서는 활기를 띠는 물질 중독의 크리스천. 성경의 모든 사실들을 수긍은 하면서도 실제로는 그 메시지가 신화나 전설처럼 가물가물하게 들려오는 크리스천. 세상적 욕망의 어느 하나도 놓지 않으면서 동시에 천국도 가고 싶어 하는 크리스천. 십자가도 보혈도 천국도 지옥도 심지어 구원마저도 긴가민가한 크리스천. 무슨 일만 터지면 기도도 하지만 그보다 걱정을 더 많이 하는 크리스천. 부끄러운 과거의 죄에 발목 잡혀 한 발짝도 앞으로 못 나가는 크리스천. 기도는 해보지만 들어주실 것 같지는 않게 여기는 크리스천. 하나님이 살아 계시는 것 같기는 한데 어쩐지 자신은 별로 사랑하시지 않을 것 같다고 느끼는 크리스천. 교회는 그저 보험 들듯 등록하고 설교는 인문학 특강 비슷하게 듣고 마는 크리스천. 저자는 예컨대 하나님을 믿지만 삶은 거의 무신론자 같은 그런 '문제적 크리스천'들에게 "너는 누구냐?"고 묻고 있는 것이다.

가끔 만난다. 내 안의 우는 남자.

책을 읽는 내내 가슴이 찔렸던 것은 바로 날카로운 질문들이 비수처럼 나를 향하고 있었기 때문이었다. 그렇다. 어쩌면 이 시대 크리스천들에게 필요한 것은 이런 아픈 지적이 아닐까. 교회마다 위로와 사랑의 메시지는 차고 넘친다. 그러나 아픈 지적은 점점 드물어진다. 이즈음에 우리가 잘 알고 있는 로마 병사의 이야기 하나가 떠오른다. 용맹스러운 로마 병사 한 사람이 적에게 포로로 잡혔다. 투항하면 살려주겠다고 하자 병사는 자신의 오른편 팔뚝을 걷어 올려 문장을 보여준다. 로마 황제 가이사의 병사라는 문장이었다. "나는 가이사의 종이다. 나를 살리겠으면 이 팔뚝부터 잘라라. 이 문장을 한 채 그대들의 종이 될 수는 없다"라고. 피하고 싶은 것이기는 하지만, 오늘날의 교회도 가끔은 질문해야 될 것 같다. 아니다. 교회까지 갈 것도 없다. 바로 나 자신에게 질문의 창을 겨누어야 할 것이다. "그대는 누구인가." 그대는 정말로 그리스도의 종인가. 로마 병사처럼 그대도 그리스도의 보혈의 흔적을 가지고 있는가. 도대체 그대는 누구의 편인가. 아니 영적으로 살아 있기는 한 것인가. 저자의 말처럼 피하고 싶은 그 질문이야말로 교회마다 차고 넘치는 크리스천 무신론자를 살리는 첫 해독제가 될 것이다.

전쟁 같은 사랑,
전투 같은 기도

기도는 전투다

'기도'라는 말이 요즘처럼 거북하거나 심지어 생소하기까지 한 적이 전에 있었던가 싶다. 육체 혹은 육체적 그 무엇으로 상징되는 시간의 흐름 속에서 기도는 확실히 거북하거나 낯설다. 무엇이든 즉물적이고 현재적이어야 하는 문화 속에서 "보이고 들리고 잡히는 것 없는" '기도'에 시간과 정성과 에너지를 쏟는 것은 어리석어 보이기까지 할 정도다. 영적이라는 것은 차치하고서라도 우선 기도는 인내와 관련된다는 점에서 더욱 인기품목이 못 된다. 빠름이 미덕인 시대에서 기다림은 왕왕 악으로 인식될 지경인 까닭이다.

그런 면에서 기도는 어떤 비장함 같은 감정을 동반한다. 무엇보다 기도는 전투다. 굳이 '전투'라는 살벌한 용어까지 써야 될까 싶지만, 기도는 전투다. 살고 죽는 것인 만큼 전투임이 분명하다. 눈에 보이지 않을 뿐 피비린내 나는 영적 전투다. 이것이 이 책의 요지다.

언론을 통해 인간이 저지르기에는 너무 끔찍하고 엽기적인 사건을 접할 때면 인간이란 무엇인가, 무엇이 하나의 인간을 저토록 몰고 가는가 싶을 때가 있다. 물론 그 반대인 경우도 있다. 한 개인이 말로 다 못 할 고난과 헌신으로 수많은 사람들을 어려움에서 구하며 선한 영향력을 행사하는 경우에도 저 특별한 존재 안에 어떤 힘이 있어 저토록 놀라운 위대함을 발휘할 수 있게 하는가 싶은 것이다.

이처럼 선과 악의 문제를 놓고 볼 때 기도는 전투라는 저자의 비장한 정의가 십분 이해된다. 사실은 C. 피터 와그너C. Peter Wagner 훨씬 이전에 우리의 스승 되신 예수께서 "쉬지 말고 기도하라"고 수시로 당부하셨고, 절체절명의 순간을 앞두고는 제자들에게 기도로 자신을 도와달라고 간청하셨을 정도로 기도의 힘은 악을 이기는 가장 강력하고도 현실적인 무기였다.

기도가 승패를 가르는 한 요인임을 극명하게 보여주는 사건이 있다. 〈출애굽기〉에 나오는 유명한 아말렉 전투다. "모세가 손을 들면 이스라엘이 이기고 손을 내리면 아말렉이 이기는"(출애굽기 17장 11절) 사건이 나온다. 손을 드는 것은 기도를 하는 것이고, 손을 내리는 것은 기도를 쉬는 것이다. 아예 손을 들지도 않거나 들어도 금방 내리는 세대나 국가는 영적 승리를 기대하기 어렵다. 개인이나 집단 혹은 국가의 논리는 철저하게 '영혼의 잘됨'이 우선이고 순차적으로 모든 일은 영혼의 문제에 귀결되기 때문이다.

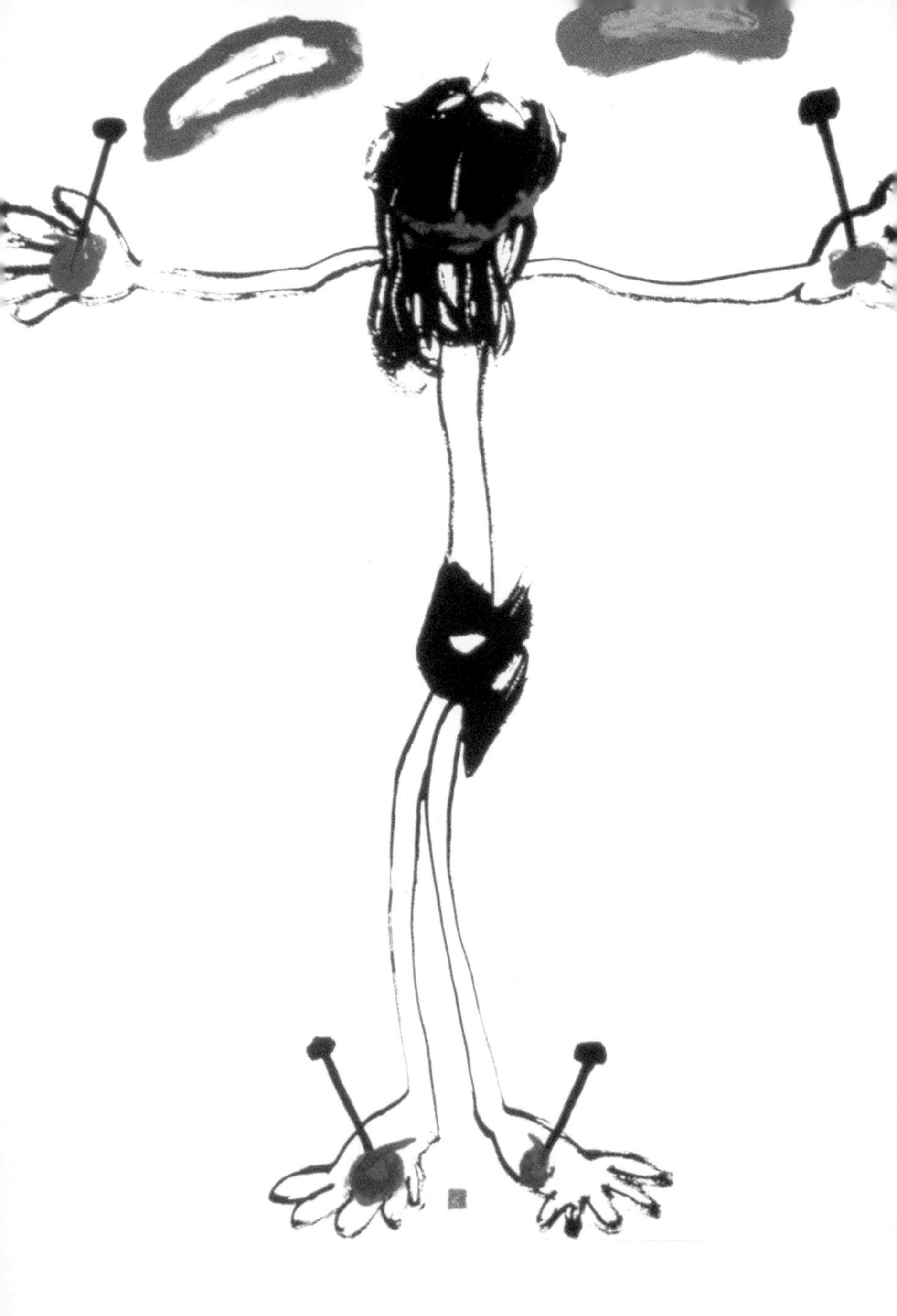

대신 짊어진 죄의 무게는 크고 속죄의 고통은 가파르다.

얼마 전 제2차 세계대전을 다룬 다큐멘터리를 본 적 있다. 아돌프 히틀러Adolf Hitler라는 한 왜소한 인간이 그 전쟁의 한가운데 있었다. 그는 상당한 재능을 지닌 아마추어 화가이기도 했다. 다분히 감성적이고 문화적인 인간이라는 표현도 될 것이다. 그러나 그 감성적이고 유약해 보이는 한 개인의 가공할 악의 영향력은 필설로 다 할 수 없는 처참한 결과를 낳고 말았다. 그 인물의 출생 자체가 재앙의 예고였던 것이다. 그런데 놀라운 것은 그가 동물 애호가여서 일찍이 뮌헨에 있는 오리가 베를린까지 갈 수 있도록 수로를 만들었을 뿐 아니라 자신의 건강을 염려해 평생 술, 담배를 멀리한 채식주의자였다는 사실이다. 성적으로도 금욕적 태도를 견지해 에바 브라운이라는 여성 한 사람과만 교제했으며, 그것보다 놀라운 것은 그가 미술, 건축, 음악 등에 전문가적 식견을 지닌 교양인이었다는 점이다. 그런가 하면 제1차 세계대전 후 실의와 낙담에 빠진 독일인들에게 용기를 불어넣으며 빠른 시간 안에 경제를 복구시켜 희망의 아이콘이 되었다는 사실이다. 독일인의 행복과 번영을 위해 헌신해서 그를 하나님이 보낸 사람이라고 떠받드는 이들이 생겨났을 정도였다. 그런 히틀러에게 악의 기운이 역사하기 시작하면서 참으로 엄청난 일들이 현실의 지평 위에 자행됐다. 오래전 다하우라는 유대인 수용소를 돌아보면서 진저리를 쳤던 기억이 있는데, 그때 나는 선이 현실인 것처럼 악 또한 추상이 아님을 절절히 느꼈다.

이 책은 실재하는 악을 주관하는 사탄과 그 졸개들의 존재를 결코 무시하거나 얕잡아 보지 말라고 경고한다. 물론 지나치게 확대해 두려움을 가질 필요도 없다고 언급한다. 기도의 불병거가 있는 한 사탄과의 싸움을 겁낼 필요가 없는 것은, 아무리 막강해 보여도 사탄이 무소불위할 수 없는 피조물인 까닭이라는 것이다. 이 책에서 눈길을 끄는 것은 한 도시나 나라, 그리고 가정에서의 영적 전투를 다룬 부분이다. 미국을 비롯한 아르헨티나와 남미 여러 나라, 그리고 와그너 자신의 가정을 악령이 어떻게 흔들었는가를 예로 들고 있다.

그는 기독교에 큰 공헌을 한 나라로 한국을 들면서, 한국에 왜 더 많은 기도가 필요한가도 역설한다. 그만큼 사탄의 공격을 많이 받을 것이기 때문이다. 하나님의 복을 많이 누리는 듯이 보이는 도시와 국가를 점령해 하나님께 영광을 돌리지 못하도록 훼방하는 것이야말로 사탄의 목표다. 하지만 한국의 영적 보루인 교회는 오늘날 많이 약화되어 있다. 문명의 온갖 편리 또한 교회와 기도의 힘을 약화시키는 데 한몫하고 있다. 전화戰火의 잿더미 속에서 통곡의 기도로 기적적 발전을 한 한국은 그 기도의 자리에 바벨탑처럼 자본과 IT 문화를 세워놓고 있다. 허다한 교회에서 사탄이나 귀신 같은 용어를 거북해할 뿐 아니라 그 실재에 대해서도 동화나 전설처럼 대하고 있다. 어느덧 사탄이니 귀신이니 하는 용어는 교양 있는 기독교도에게는 미간을 찌푸리게 할 만큼 상스러운 말이 되고 있는 것이다.

그러나 이 책은 경고한다. 당신이 그 존재를 인정하는가 인정하지 않는가와 관계없이 악은 현존하며 암약하고 있다고. 마치 성령이 실존이며 기도하는 자에게 역사하는 것과 마찬가지로! 이 책을 읽고 나면 기도야말로 영적 호흡이자 연약한 인간에게 주어진 신의 선물임을 느끼게 된다. 그런 면에서 유감스러운 것은, 우리 집 아들들에게서는 거의 기도하는 기색을 보지 못한다는 점이다. 아이들은 어른의 아버지라 했던가. 그들이 기도하지 않는 것은 기도에 열심을 내지 않는 그들의 아버지인 내 탓이 있는 것을 부인할 수 없다.

흔히들 사랑을 전쟁에 비유한다. 기도야말로 그 전쟁의 현장에서 진행되는 전투인 셈이다.

밧줄이
끊어질 때

당신의 끝은 하나님의 시작입니다

어느 날 뉴스를 보고 있는데, 푸에르토리코 호텔 화재 장면이 비쳤습니다. 사람들이 비명을 지르며 창문에서 몸을 날려 구조대의 가냘픈 밧줄에 매달려 있었습니다. 저는 그들의 비명 소리를 들으며, 또 불길을 보면서 그들이 당하는 공포와 그 불을 필사적으로 끄려고 하는 사람들의 공포를 대신 느껴보려고 했습니다. 그러자 이런 생각이 들었습니다. '저 밧줄이 끊어지면 어떡하나!' 그것은 아마도 그 밧줄에 매달려 있는 사람들의 공통된 공포였을 것입니다.

저자의 고백과 함께 시작되는 이 책은 그 '끊어진' 밧줄에 관한 이야기다. 끊어질 성싶지 않은, 그러나 끊어져버린 그 밧줄에 관한 기록이다. 저자는 말한다. 누구나 의지하는 밧줄이 있다. 우선 소유의 밧줄이 있다. 재산과 학식, 미모와 두뇌, 그리고 명예에 대한 밧줄이다. 이것에 의지해 자신의 존재감을 지탱하고 산다. 관계의 밧줄도 있다. 아내, 남편, 부모, 그리고 자식과 친지, 애인과 친구에 대한 밧줄이다. 이 역시 잃고 나면 절망감과 상실감에 시달린다. 문제는 '믿는 자'의 밧줄이 끊어진 경우다. 밧줄이 끊어지고 폭풍 속에 내몰리며 "하나님은 어찌하여"라고 묻고 싶은 크리스천들의 경우다. 차마 기도도 나올 수 없을 만큼 내팽개쳐진 듯한 상황 속에서 흐느끼며 "내가 왜why me?"라고 되뇌고픈 사람들이다.

저자는 오랜 세월 이들을 상담하고 나서 이 책을 썼다고 말한다. 상담하면서 답변하는 골자는 두 가지다. 환난과 고통이 몰아칠 때, 이를 이상하고 불공평하고 억울한 일인 것으로 생각지 말라는 것이다. 원망도 의심도 말고 잠잠히 기다리라는 것이다. 이 모든 일을 너무나 불가해함에도 불구하고 하나님의 섭리 속 일이라는 것을 인정하라는 것이다. 즉, 하나님이 그 모든 일을 알고 계신다는 사실이야말로, 그리고 어떻게든 손을 쓰실 것이라는 사실이야말로 끊어진 밧줄 앞에 선 인생들의 위로와 소망이라는 것이다. 환난을 이상한 것으로 생각지 말라는 것은 어차피 거친 항해 같은 인생길에서 돌풍과 암초는 만나게 되어 있지만, 그 모든 상황을 하나님께서 보고 계시기 때문에 절망하거나 탄식하지 말아야 한다는 것이다.

칠흑 같은 어둠에 오들오들 떨면서도 해야 할 일이 있는데, 그것은 메마른 입술을 움직여 "하나님" 하고 부르는 일이다.

저는 매일 이런 사람의 이야기, 곧 일을 바로 했는데도 모든 것이 잘못 되었다는 이야기를 듣습니다. 우리는 이런 이야기를 기피합니다. 그러나 그것은 중요한 주제입니다. 저는 목사로서 25년 동안 사역하면서 끊어진 밧줄 증후군과 관련된 의문들과 씨름했습니다. 그리고 그 속에서 경험한 바를 나누고 싶습니다. 하나님은 주권자이십니다. 하나님은 선하시며 당신이 하는 모든 일을 알고 계십니다. 그것은 좋은 소식입니다. 앞으로 그 점을 꼭 기억하도록 노력하십시오. 왜냐하면 우리가 하나님 아버지로부터 어느 정도의 다이아몬드를 얻기까지는 많은 진흙을 헤치고 나아가야 하기 때문입니다.

인류 역사의 처음부터 시작된 불순종과 함께 자연 세계 또한 그 질서가 어지러워지면서 삶의 거친 풍랑과 고통은 어쩌면 피할 수 없는 것처럼 되어버렸다. 물론 하나의 인생이 거의 완벽하게 고통 없이 순탄하게 흘러가는 경우도 있을 것이다. 손대는 것마다 성공시켜 형통에서 형통으로 이어지는 특별한 경우도 있을 수 있다. 그러나 보통의 경우는 환난을 당하고 넘어지며 그럴 때마다 하나님을 찾고 그분께 도움을 구하며 다시 일어선다. 그래서 C. S. 루이스 같은 경우는 역설적으로 "고통의 축복"을 이야기했다. 아무 일 없이 평안한 삶의 연속도 축복이지만 밧줄이 끊어지고만 절망적인 상황에서 하나님을 다시 찾고 그분의 은혜를 체험하는 것은 더 큰 축복이라는 것이다.

주변에서 심심치 않게 밧줄이 끊어져버린 사람들을 보게 된다. 특히 하나님을 알지 못하다가 의지하던 밧줄이 끊어져버린 뒤 하나님을 만나고 그전과는 비교할 수 없는 기쁨과 감사의 삶을 사는 이들을 볼 때면 그야말로 고통이 축복일 수 있음을 절감하게 된다. 중소기업을 일구어 크게 성공시킨 한 지인이 그만 영어의 몸이 되어 면회를 갔더니 뜻밖에 평화투성이 얼굴로 미소 짓고 있었다. "여러 사람이 한 방에 있지만 새벽이면 홀로 일어나 한 귀퉁이에서 저만의 새벽 예배를 드린답니다." 그의 그 평화와 기쁨의 정체를 알 수 있을 것 같았다. 말기 암 선고를 받고 난 지 얼마 안 된 친구에게 신앙 서적을 건넸더니 "너무나 좋았다. 읽고 또 읽었다"는 답변이 돌아왔다. 전에 그는 믿음이니 신앙이니 하는 단어 자체에 까칠한 반응을 보이던 교수였다.

도처에서 밧줄이 끊어진다. 왜 그토록 믿었던 밧줄이 끊어지는지 우리는 모른다. 그러나 하나님은 아실 뿐더러 손을 쓰기 시작하신다. 그 사실이야말로 끊어진 밧줄 앞에 선 인생들의 유일한 소망인 것이다. 이 책의 서론이고 결론이다.

설마, 하나님이 내 기도에 응답하신다고?

하나님은 기도를 응답하신다

그러니까 이 글을 쓰게 된 사연은 다음과 같다. 첫 번째 휴가를 얻어서 캐나다에 갔을 때, 나는 사람들이 기도의 응답에 대한 나의 분명한 간증을 듣고 도저히 믿기지 않는다는 표정을 짓는 것을 보고 자주 놀랐었다. 어떤 때는 아주 노골적으로 "하지만 당신은 만약 기도를 하지 않았더라면 그 일이 일어나지 않았으리라고 어떻게 알 수 있습니까?"라는 질문이 나오기도 했다. (…) 세상 사람들이 보기에는 너무나 신성한 수많은 응답들이 있다. 그것은 소수의 사람들만이 알았으며, 어떤 것들은 오직 하나님만이 아신다. 그 놀라운 기록들은 공개되어야 마땅하다.

이 책은 한 가녀린 여인이 받은 기도 응답에 대한 50년의 기록이다. 처음부터 끝까지 그녀는 "하나님은 우리의 기도에 응답하신다"는 주장을 고집 센 소녀처럼 굽히지 않는다. 부정하고 연약한 인생들의 입술을 통해 나온 언어들이 허공에 흩어지지 않고 창조주이시며 완전하신 분, 처음과 끝이 되시는 전능하신 그분과 연결되어 있다는 것을 간증으로 나타내 보여준다.

하나님은 기도에 응답하신다. 물론이고말고다. 새삼 그 사실을 언급할 필요조차도 없는 사실이다. 성경의 전 역사가 이를 증명한다. 그럼에도 불구하고 설마 하나님이 나의 이런 기도에까지 응답하실까 하는 의심과 회의를 갖는 것도 사실이다. 머릿속에서 아예 기도를 어쩐지 응답해주실 것 같은 것과 전혀 응답해주실 것 같지 않은 것으로 분리해놓기까지 한다. 그러면서도 아닌 척 두루뭉수리, 반신반의하며 기도한다.

기도 응답을 의심케 하는 고질적인 요소는 무엇일까. 말할 필요도 없이 나의 죄다. 흠도 티도 없이 거룩하신 하나님과 온갖 죄악으로 찌들고 얼룩진 나 사이에 가로막혀 있는 죄의 담 때문이다. 매일 회개한다고는 해도 삶으로 증명할 열매들이 없는 때문이다. 뜨겁고 절절한 회개로 그 완악한 담을 허물어야 하는데, 회개해도 다시 죄악으로 돌아가려는 속성이 발목을 잡는다. 거듭된 이런 상태에서의 기도. 매양 자신이 없고 의기소침하게 되는 것이다.

그런데 이 책의 저자는 어린 소녀 시절부터 삶 속의 크고 작은 에피소드를 통해 "예수님께 이야기하면 반드시 들어주신다"는 체험을 지니고 있었다. '기도하면'이 아닌 '이야기하면'이다. 물론 나중에 '이야기'는 '기도'가 되지만, 소녀는 마치 아빠에게 이야기해서 원하는 것을 얻어내듯 예수님께 이야기하기 시작했고, 그 이야기는 급기야 기도라는 형식을 통해 하늘에까지 상달되기 시작했던 것이다. 이렇게 소녀 때부터 노년에 이르기까지 필요한 많은 것을 기도로 공급받았을 뿐 아니라 위기에 처했을 때도 '이야기하듯 기도하여' 위기에서 빠져나온다. 그런데 이 모든 일들이 너무도 자연스러워 차라리 이상할 지경이다. 흡사 여자 조지 뮬러George Muller같이 그녀는 모든 삶의 여정이 사실은 기도의 행로였음을 이렇게 고백한다. 실로 부러운 일이 아닐 수 없다.

그는 기도에 응답하셨다. 그가 너무나 아름답게 응답하셨으므로 나는 그의 놀라운 손길의 축복의 한가운데 있으며 내가 목도한 기적으로 인하여 놀라고 그의 사랑이 내게 행하신 자비로 인하여 놀란다. 불가능한 것을 위하여 기도하라. 그리고 당신의 깃발에 '나의 아버지는 기도에 응답하신다'라고 쓰고 담대히 기다리라.

그녀는 장성하면서 두 가지 선택의 기로에 놓이게 되는데, 하나는 미술가가 되기 위해 영국으로 가는 길이었고 다른 하나는 허드슨 테일러Hudson Taylor처럼 선교사가 되어 중국으로 가는 일이었다. 그녀는 후자의 길을 택해 1887년 캐나다 장로교 파송 선교사로 중국 후난 지방 개척의 사명을 띠고 이역만리 길을 떠나는데 그때까지만 해도 자신 앞에 놓인 일이 얼마나 험한 것일지 상상하지 못했다.

이후부터는 그야말로 '무릎으로 전진'한 기록이다. 하나님의 공급하심과 보호하심과 길을 열어주심이 아니고서는 한시도 살 수 없는 상황의 연속이었다. 그러면서 '결핍이 클수록' '상황이 극단적일수록' '위기가 고조될수록' 하나님의 크고 강한 역사가 나타날 수 있는 기회임을 체험적으로 알게 된다. 그래서 절망의 캄캄한 어둠 속에서 오히려 하늘을 향해 기대의 눈을 들었다.

그녀의 간증은 종횡무진하고 극적인 것들의 연속이다. 전염병이 창궐할 때 하루에 2000명 가까운 남자와 수백 명의 여인들이 저자의 가정 교회를 방문해서 복음을 들었지만 그 자신의 아이들이 감염된 적은 없었을 뿐더러 엄청나게 많은 신유神癒의 역사가 일어나기도 했다. 북청사변을 당하여 그녀와 그녀의 남편, 그리고 동역자들이 당한 죽음의 위기 속에서 하나님의 역사는 흡사 헨델의 〈메시아〉가 울려 퍼지는 것 같은 장엄 그 자체였다.

> 한 사람이 두 손으로 큰 칼을 휘둘러 남편의 목을 쳤다. 그런데 어떻게 해서인지 칼의 등이 그의 목을 친 것이다. 그 일격 때문에 남편의 목둘레에 거의 전체적으로 자국이 생겼지만 그에게 그 이상의 해를 끼치지는 못했다.

그녀의 남편은 계속적으로 여러 차례 공격을 받았다. 그러나 그때마다 설명하기 어려운 놀라운 은혜로 아무런 해도 입지 않았다. 그런 과정을 거치며 그녀는 선교지에서 '사람의 마지막이 하나님의 시작' 일 수 있음과 '극단의 절망적 상황이 하나님의 기회'라는 사실을 확고히 믿게 되었다. 그러면서 되뇐다. 하나님은 기도에 응답하신다고. 그 놀라운 응답의 역사를 당신의 삶 속에서도 체험해보고 싶지 않느냐고. 왜 주저하고 머뭇거리며 더구나 의심하느냐고. 내 삶 위에 쏟아진 그분의 놀라운 응답들을 바라보라고. 그리고 그대도 그렇게 해보라고.

문제는 그 생각이다

생각 사용 설명서

…… 하루 종일 그 생각뿐이었다. '아! 이러다가 미치는구나' 하는 생각이 들었다. 그렇지만 생각을 떨칠 수가 없었다. 사업도 망했지만 자신이 파멸되어간다는 생각이 들었다. 생각을 멈출 수 있는 길이 없을까…….

생각, 결국 생각이 문제다. 인생이란 결국 수많은 생각들의 총량이고 그것의 결과물이다. 이 책은 바로 그 '생각'에 대해 의학자적 메스를 들이대며 분석한다. 의학적 지식뿐 아니라 본인의 다양한 체험과 수련을 동원하여 '생각'을 생각한다. 책의 요지는 이렇다. 생각은 어떻게 떠오르는가. 보고 들은 정보가 대뇌에 입력되어 있다가 떠오른다. 즉, 입력되어 있다가 생각으로 떠오르고, 그 생각이 구체화되고 강화되면 행위를 유발시키는 것이다. 따라서 무심히라도 무엇을 보고 들을 때 나중에 생각으로 떠오를 수 있음에 유념하여 보고 듣는 것을 눈 부릅뜨고 바짝 정신 차려 가려야 한다. 결국 입력된 생각의 정보들이 '자아'가 되기 때문이다. 입력된 것이 많을수록 자극이 떠오른다는 것이 생각의 원리다. 그리고 행위는 이 생각에 종속되어 일어난다. 즉, '생각하면 생성되고 망각하면 소멸'하는 원리다.

문제는 부정적인 생각, 유혹적인 생각, 후회되는 생각, 분노의 생각은 떠오르는 힘이 훨씬 강하다는 데 있다. 즐거웠던 추억보다 상처 입고 후회되고 화나는 과거가 떠오르는 힘이 훨씬 강하다는 데 있다. 안 좋은 것, 부정적인 것, 유혹적인 것은 따라서 가만히 있어도 그냥 떠오른다. 불쑥불쑥 떠오른다. 그러다가 그 생각에 집중하고 있으면 강화되고 부풀어 오르면서 신체 반응을 야기한다. 삽시간에 사로잡혀버린다.

기독교는 사로잡힘의 종교다. 하나님께 사로잡히고 예수그리스도에게 사로잡히고 성령에 사로잡힌다. 그런데 여기 왕왕 훼방꾼이 있다. 소위 사탄의 영, 귀신의 영이 구원받기로 택한 자라 할지라도 묶고 사로잡으려 노린다. 흡사 굶주려 울부짖으며 먹이를 찾아다니는 사자처럼. 무엇에 사로잡히는가는 따라서 생과 사의 문제이기도 하다. 오늘날의 영적 전투란 대개 이 묶고 풀며 사로잡히고 자유케 하는 일이라고 해도 과언이 아니다. 일단 사로잡히면 혈압이 오르고 숨이 가빠지며 주먹을 불끈 쥐게도 만든다. 그런가 하면 유혹적이며 죄악적인 생각은 슬며시 생겨나서 이내 눈앞에 구체적이고 생생한 상황을 연출해내며 행위를 시작하게 만든다. 그야말로 생각의 천변만화다.

이럴 경우, 이 생각은 다른 무수한 생각들을 지워버리며 순식간에 마음에 견고한 진지를 구축한다. 이는 마치 수많은 생각이 전선줄이나 전파처럼 흐르는 상황에서 하나의 생각에 주목할 때는 가느다랗던 그 전선줄이 동아줄만큼이나 튼튼해져서 머리와 마음을 점령하고 묶어버리는 이치와 같다. 그런데 이 경우 떠오르는 생각은 주로 과거와 미래에 연결되어 있기 때문에 마음이 원치 않는 생각에 점령당하지 않기 위해서는 생각을 현재에 고정시키고 묶어두라고 저자는 권한다. 생각을 동원해 지금 눈앞에 없는 사람이나 상황을 상상하거나 구체적 상황으로 떠올리지 말라는 것이다. '눈앞에 안 보이면 떠올리지 말라.' 이 조항 역시 '생각하면 생성되고 망각하면 소멸된다'는 원리와 연결되어 있다. 저자는 이렇게 말한다. 후회에 몸부림치다 임상의를 찾아온 환자에게 하듯 쉽고 친근하다.

> 후회란 실제로 어떤 일을 하고 난 후 그때 다른 일을 했어야 하는데 바보같이 실제로 했던 일을 했다고 생각하는 것이다. 여기에는 무지와 욕심이 작용한다. 무지는 그때 실제로 한 일과 뒤에 그것을 했더라면 좋았을 텐데 하는 일, 그 두 가지 일이 그 당시 동시에 선택 가능했다고 생각하는 것이다. 그 당시를 자세히 보면 순간적으로 실제로 한 일만 가능했다. 다른 것은 그 순간에 우리의 마음속에 있지 않았다. 판단

은 우리 존재 속에서 아주 빠른 속도로 일어난다. 그 당시의 조건에 따라 아주 빠른 속도로 진행된다. 특히 뇌에서 정보처리 시스템이 가동될 때 상상을 초월하게 빠른 속도로 일어난다. 수행을 통해 순간순간 몸과 마음, 특히 마음을 관찰해보면 그것을 알 수 있다. 비유하면, 권투 선수가 시합에서 KO패를 당한 후 다음 날 시합 비디오를 보면서 자신이 KO패 당하게 된 펀치를 "이렇게 피했어야 했는데" 하고 말하는 것은 말이 되지 않는다. 그 당시 그것이 가능했으면 그렇게 했을 것이다. 그것은 그 당시에 안 되는 것이었다. 후회는 이러한 사실을 모르는 무지로부터 출발한다. 욕심은 무지를 바탕으로 자기가 바라는 것이 이루어지기를 바라는 것이다. 후회는 잘못 알고 이루어질 수 없는 것을 바라기 때문에 이루어지지 않고 우리를 힘들게 한다.

저자는 또한 '바라봄'과 '생각'과 '행위'의 상관관계를 알코올중독의 예를 들어 설명해준다.

자신을 테스트한다고 일부러 술집에 있다는 것은 자신에 대해 무지하거나 술에 대한 미련이 있는 경우다. 술집에 있으면 어떤 경우든 술로 인한 위험에 빠지게 된다. 먼저 술로부터 도망을 쳐야 하는데 이때 술은 두 종류다. 하나는 실제적인 술이고, 나머지 하나는 내 머릿속에 들어 있는 술이다. 먼저 실제적인 술인 술병이나 술집을 보면 도망을 쳐야 한다. 어디를 가는데 술집이 보이면 다른 쪽으로 가야 한다. 집에 술이 있으면 갖다

버려야 한다. 갖다 버릴 때도 가족이 있으면 그 사람을 시켜서 버리는 것이 좋다. 만지면 그 순간에 딴 생각이 들 수 있다. 술을 사지 않아야 한다. 소리도 듣지 않는 것이 좋다. 이렇게 실제적인 술에서 도망을 잘 치면 이제는 내 머릿속에 든 술과 관계된 기억이나 술친구의 전화, 술과 관계된 책, 잡지로부터 도망을 가야 한다. 술친구가 전화를 하면 받지 않아야 한다. 술친구 전화번호는 지워버려야 한다. 술 생각이 나면 그 즉시 중단해야 한다. 술이 내 속에서 발을 붙이지 못하도록 해야 한다. 내가 술과 싸워서 이길 수 있을 때까지는 술과 마주치는 것을 막아야 한다.

피하고 도망쳐라. 어디서 많이 듣던 대목이다. 엄청난 유혹을 받았을 때 요셉의 마음속에서 들려온 다급한 소리였다. 저자는 정신의학을 다소 체험적 불교의 관점에서 기술하고 있지만, 유혹 앞에서 도망치라는 권유는 다분히 성경적이기도 하다. 인생은 생각의 결과물이다. 한 청년이 한 여인을 집중적으로 생각하고 갈망했더니 나중에 그 여인이 자신의 집에 와 있었다(결혼을 해서 함께 살게 되었다는 이야기다). 이처럼 생각은 긍정적이든 부정적이든 엄청난 결과를 낳는다. 오늘날 원치 않는 생각에 사로잡혀 끔찍한 일들이 얼마나 많이 일어나는가. 그래서 그리스도께서도 "모든 생각을 사로잡아 그리스도 앞에 복종하게 하니"(고린도후서 10장 5절)라고 하셨다. 마음껏 생각을 조종하고 경우에 따라서는 사로잡아 복종시킬 수 있다면 얼마나 좋겠는가. 이 책은 바로 그 방법론을 일깨우고 있다.

일어나
걸어라!

4차원의 영성

조용기 목사가 과거 남인도에서 연인원 100만 명이 참가한 성회를 가졌다는 신문기사를 보았다. 마침 93세의 빌리 그레이엄Billy Graham 목사의 《새로운 도전》이라는 자전적 책을 읽고 있던 터였다. 거의 동시에 지구촌의 두 영적 거장에 관한 소식을 접한 셈이었다. 조용한 감동의 물결이 일렁였다.

지금도 그렇지만 나의 청장년 시절 두 분의 영향력이라는 것은 사해에 출렁일 정도였다. 조 목사의 집회가 있다 하면 내가 자란 남쪽의 작은 시는 숫제 그 전체가 들썩이는 느낌이었다. 워낙 삶이 단조로웠기 때문이기도 했겠지만 어쨌거나 오늘날의 아이돌 스타처럼 사람들이 몰려들었다. 어디서들 그렇게 오는 건지 꾸역꾸역 사람들이 교회당으로 몰려들었는데 하룻밤 집회에 수많은 결신자決信者가 생겨나곤 했다. 배고프고 힘들던 시절에 그분은 사람들이 꿈꾸지 못했던 영적 부요扶搖를 선포했다. 좌절과 낙심이 숙명처럼 내려오던 삶마다에 대고 등짝에 죽비를 치듯 "일어나라"고 외쳤고 질병에 속수무책이던 시절 "병을 가져오는 귀신아, 떠나가라"고 벼락같이 외치곤 했다. 박정희 대통령이 물적 가난 퇴치를 부르짖었다면 조 목사는 영적 빈곤 퇴치를 외친 선각자인 셈이다.

1973년 빌리 그레이엄 목사의 여의도 집회에는 100만 명이 넘게 모였다. 이즈음 한국 기독교의 교세 증가는 매년 10%가 넘을 정도였다. 참으로 미증유의 폭발이었고, 그 한 축에 조 목사가 있었다. 신문에서 '조 목사 인도 집회 100만 명' 기사를 보면서 '불멸'이라는 단어가 떠올랐다. 하나님의 특별한 종들에게는 확실히 위로부터 오는 불멸의 기운이 흐르는 것 같다는 생각이 들었던 것이다.

어찌 보면 '부흥사 조용기'의 전성기가 한국 교회로선 가장 행복했던 시절이 아닌가 싶다. 이제 한국 교회는 정체를 지나 쇠퇴로 기울고 사회적으로도 더 이상 '희망의 등불'이 되지 못하고 있다. 그런 차제에 다시 그 옛날의 노장이 백발을 휘날리는 여호수아처럼 100만 명의 해외 집회를 이끌었다고 하니 감격이 아닐 수 없었다. 기사를 접한 뒤 조 목사의 《4차원의 영성》을 다시 꺼내 읽었다.

이 책은 예컨대 '조용기 신학'의 핵심이 될 만한 내용으로 차 있다. 성령 운동의 불길을 지폈던 저자가 세계 최대 교회를 이끌며 영의 세계를 목회 현장에서 실증적으로 체험하고 펼친 내용으로 시종하고 있다. 생각과 믿음과 꿈과 말을 통해 보이지 않는 4차원의 세계를 현실의 지평 위에 펼칠 수 있는 방법을 역설하고 있다. 저 유명한 '바라봄의 법칙'이 등장하는 것도 이 책이다. 심오한 영적 세계를 다루고 있으면서도 쉽고 구체적이다.

신앙 훈련의 참고서로서도 좋은 책인데, 한국인이 쓴 기독교 서적으로서는 괄목할 만하게 외국 여러 나라에서도 번역 출간된 바 있다. 저자가 말하는 4차원의 세계란 한마디로 영적 세계이고 인간은 영혼을 가진 영적 존재이기 때문에 그 세계에 대해 알아야 한다는 것이다. 하나님은 영이시지만 사탄도 영물이기 때문에 영적 싸움에 이기기 위해서라도 무엇을 먹을까, 무엇을 마실까만이 삶의 전부가 되어서는 안 된다는 것이다.

영적으로 캄캄하고 황무했던 시절에 하늘로부터 오는 영혼의 생수를 마셔야 참 삶을 살 수 있다고 역설했던 저자는 정작 중요한 것은 만질 수도 냄새 맡을 수도 없는 그 4차원의 세계에 있다고 역설한다. 우물가의 여인이 예수님과 '목마르지 않은 물'을 주제로 서로 대화가 엇갈렸던 것도 그 영에 대한 무지 때문인 셈인데, 마찬가지로 교회를 오래 다녔다 해도 영계에 대한 지식이 없으면 진정한 성장을 기대하기 어렵다는 것이다.

저자는 거듭 '생각하고, 믿고, 꿈꾸고, 말하는' 방법을 통해 그 4차원의 영적인 세계를 움직여 현실의 지평 위에 실현시킬 수 있다고 역설하는데, 멀리 갈 것도 없이 여의도 허허벌판에 세계 최대의 교회를 세운 사실이 이를 입증한다고 할 수 있을 것이다.

불황이 깊어지고 사는 것이 힘들다는 한숨 소리들이 들려온다. 옛날 같은 절대빈곤의 상태와는 또 다른 절망과 불안의 기운이 우리 사회를 휩쓸고 있다. IT 강국이라고 자랑하지만 그 이면에는 영적인 어두움과 타락의 기운이 도사리고 있다. 꽃 같은 나이에 낙엽처럼 떨어져 자살해 죽는 아이들이 속출하고, 신문은 펼치기 무서울 만큼 날마다 끔찍한 사건 사고들로 얼룩져 있다. 어쩌면 한국 사회는 다른 무엇보다 시급히 영적 부흥 운동을 일으켜야 할 것 같다. "일어나라!"고 외치는 제2, 제3의 부흥사 조용기가 절실히 필요한 시점에 와 있는 것이다.

몇 년 전 여의도 사무실로 저자를 뵈러 간 적이 있다.

"교수님 글을 잘 읽고 있어요."

그 옛날 내가 '부흥의 밤'에 멀리서 뵈었던 그 칼칼한 모습도, 카랑카랑한 모습도 아니었다. 내 앞에는 온화하고 온후한 보통 노인 한 분이 앉아 있을 뿐이었다. 하지만 그 다정다감하고 온후한 보통 노인이 다시 강단에 섰을 때 100만 명이 운집했던 것이다. 저 산지를 내게 달라고 했던 백발의 갈렙처럼 조용기 목사의 영적 도전은 그의 마지막 날까지 계속 되었다. 그의 빈 자리가 더욱 아쉬운 이유다.

'생명의 우물'을 찾아서

우물을 파는 사람

오래전 터키, 요르단, 시리아, 그리스, 이란 등 〈신약성경〉〈구약성경〉에 나오는 현장들을 탐방할 기회가 있었다. 상당히 긴 기간이었던 그 여행 동안 비로소 성경의 지정적 현실감이 선명하게 느껴졌다. 예컨대 성경에 나오는 '광야'의 개념이나 '포도원' 혹은 '빛과 그늘'의 비유 같은 것이 현지를 여행하면서 생생하게 다가왔던 것이다. 끝도 없이 이어지는 그리스와 터키 일대의 포도밭은 성경에 포도와 포도주 얘기가 왜 그토록 자주 나오는지 이해할 수 있게 해줬으며, 바람에 건초가 날아다닐 뿐인 황량한 광야의 풍경들은 비산비야非山非野의 우리 땅에서는 느끼기 어려운 현실감을 주었다. '빛과 그늘' 또한 그 광야의 움푹 파인 부분들의 짙은 그늘과 평지에 과도하게 쏟아지는 양광陽光이 대비되면서 선명해졌음은 물론이다. 빛과 그늘이 선과 악의 비유로 겹쳐지기에 충분한 환경이었다.

뭐니 뭐니 해도 가장 절실하게 다가왔던 것은 그 광야의 우물이었다. 야곱의 우물 아래 왜 그토록 우물이 쟁점이 되었는지 비로소 이해할 수 있었다. 어디를 파야 물이 나올지, 그리고 가능성을 짚어 힘들게 판다 해도 과연 물줄기가 터져 나올지 확신할 수 없는 상황에서 유전의 시추공처럼 우물 파기를 계속하다 보니 자연 부족간, 심지어 형제간에도 종종 분쟁과 갈등이 야기되곤 했던 것이다. 따라서 물이 귀한 곳인지라 나그네에게 마실 물을 대접하거나 발을 씻기우는 일은 귀중한 의식일 수 있었던 것이다. 어떤 경우에는 빵보다도 물이 더 귀한 것이 그쪽 형편이었기 때문이다. 저자는 '우물' 얘기 이전에 '빵'의 얘기부터 쓴 바 있다. 빵만으로는 살 수 없는 갈증 때문에 물길을 찾고 우물을 팠던 것이다. 어찌 보면 성경적 귀결인 셈이다.

이 당대의 석학은 20대부터 문사철文史哲을 두루 섭렵해온 학문의 포식자였다. 예컨대 지식의 빵을 여한 없도록 포식해왔건만 저자는 나는 아직 배고프다, 배고플 뿐만 아니라 목마르다고 고백한다. 그 배고픔과 목마름에 대한 고백은 그러나 조금 색다른 것이다. 지식을 관통하고 섭렵할수록 느껴지는 허기와 갈증이었기 때문이다. 따라서 그가 빵만으로는 살 수 없다고 고백한 것은 예사로운 것이 아닌 지식의 결국結局에서 외친 처절한 토로일 수 있는 것이다.

어쨌거나 나는 이어령이야말로 한국 기독교에 내린 벼락같은 축복이 아닌가 생각한다. 저자가 기독교에 냉담할 때 나는 자주 거대한 빙

젊은 날의 재기 번뜩이는 이미지를 즉흥필로 담았다.
내가 보여드리니 "이런 날이 있었지요" 하고 쓸쓸히 웃었다.

벽 앞에 선 것 같은 절망감 비슷한 것이 느껴졌다. 그이가 기독교 쪽으로 옮겨온다면 천군만마일 수 있을 텐데 하는 아쉬움과 함께. 생애 동안 그런 기적은 일어날 성싶지 않은 느낌 때문에 받은 절망감이기도 했다.

그리고 몇 년 후 TV를 보는데 고인이 되신 하용조 목사 앞에 무릎을 꿇고 세례를 받는 저자의 모습이 화면에 지나가고 있었다. 참으로 충격이었는데, 그 충격을 수습할 새도 없이 '이어령'이라는 이름은 기독교 서적부에 일대 지진을 일으키기 시작했다. 내게까지 그이의 '빵' 얘기에 감동 받았다는 사연들이 전해질 정도였던 것이다.

그리고 몇 년 후 이번에는 EBS방송 프로그램으로 서울대 미술관에서 저자가 나의 미술 작품들을 가지고 특강하는 시간을 가졌다. 〈바보 예수〉로부터 시작하여 〈생명의 노래〉 연작 등의 내 작품이 화면에 나온 후 강단에 오른 그이는 이런 말을 했다. "진정 감동 있는 예술 작품을 만들어내기 위해서는 개인적 상상력만으로는 부족하다. 창조주 하나님과 닿아 있어야 한다."

이어령은 영적 우물 파기에 열중했다. 그러나 그전에 그이는 다른 사람의 우물을 파주는 데에도 열심이었다. 물론 허기와 갈증의 종류는 달랐지만 말이다.

특별히 그는 나와 같은 쟁이들의 목마름을 잘 이해하고 있었다. 허다한 환쟁이와 글쟁이와 풍각쟁이들이 문화부 장관 이어령을 그리워하는 것도 현실적 힘이 주어졌을 때 그가 창작가를 위한 우물 파기에 헌신적이었기 때문이다.

예수님은 우물가에서 한 여인을 만나셨다. 그러면서 목마르지 않은 '생명의 물'에 대해 이야기해주었다. 하지만 여인은 알아듣지 못했다. 이제 이어령의 영적 우물 파기 현장에 상처 입은 여인처럼 사람들이 모여들고 있다. 그가 글로 샘을 파서 나누어줄 물 한 잔을 기대하며.

작고하기 일 년 전 서재에서 이어령 선생(사진 왼쪽)과 함께.

병도, 치유도 혀에 있다

네 입에 건강이 있다

세상은 날마다 살기 좋아진다는데 웬 질병이 이렇게도 많은가. 암은 말할 것도 없고 듣도 보도 못한 병으로 병원은 넘쳐나며, 현대인들은 시달리고 있다. 예수님께서도 공생애 내내 치유에 많은 시간을 들이셨지만 질병은 오늘날에도 넘쳐난다. 약이 부족해서도 아닌데 살아 있는 동안 사람들은 끊임없이 병에 노출되어 있다. 저자 케네스 해긴Kenneth Hagin 목사는 불과 17세 때 심장기형과 불치의 혈액 질환을 하나님께 치유받은 후 무려 70년 가까운 세월을 말씀과 저술로 치유 사역의 일선에 서왔다. 이 책은 그러한 임상사례집이며 치유의 가이드북이라 할 만한데, 질병을 고치는 열쇠는 '말씀'과 '믿음'이다.

이 책은 대체로 '치유'가 하나님의 구속사救贖史 안에 들어 있다는

늘 신기한 세상, 아침의 아이.

관점과 예수님께서 우리의 질병을 짊어지셨으며 채찍에 맞음으로써 우리는 나음을 입었다는 사실(베드로전서 2장 24절), 그리고 하나님께서는 우리의 질병이 치유되기를 원하신다는 사실을 믿어야 한다고 강조한다. 하나님과 마음을 합하고 통회자복痛悔自服하여 죄를 회개하며, 반드시 하나님이 치료해주실 것이라는 믿음을 드러낼 때 치유는 시작된다고 한다. 하나님께서는 내 몸을 만드신 분이어서 또한 치료하시고 고치시는 분임을 심플하게 믿어야 한다는 것이다. 잇몸을 스스로 치유받은 노인처럼 어린애처럼, 막무가내로 믿어야 한다는 것이다. 예수 그리스도께서 "……우리 연약한 것을 친히 담당하시고 병을 짊어지셨도다"(마태복음 8장 17절)라고 하신 말씀에 근거하여 치유받을 것임을 믿고 입으로 시인하며 행하라고 이른다. 그러면 그 믿음대로 치유받는다는 것인데 너무나 쉬운 이 사실에도 불구하고 왜 교회 안에까지 치유받지 못한 육체와 영혼의 질병이 넘쳐나는 것일까. 결국은 질병이 어디로부터 오고 무엇에 의해 유발되며 우리의 믿음을 받침대로 하여 어떻게 치유가 일어나는가에 대한 지식과 믿음이 부족하기 때문에 고침받지 못한다는 것이 저자의 언급이다.

이 책에는 불치병을 믿음으로 치유받은 수많은 사례가 나오지만, 그에 못지않게 대수롭지 않아 보이는 병이 오랜 세월을 끌며 몸에서 떠나지 못하는 반대의 사례들도 나온다. 결국은 모든 것이 믿음의 문제로 귀결되는데, 부실하고 의심 많은 믿음과 견고한 믿음이 그러한 차이를 불러오는 것이다.

그런데 저자가 짚어내는 질병이 들어오는 통로 중 하나는 죄와 관련 있다. 죄를 짓게 되면, 그것도 회개함 없이 거듭하여 죄를 짓다 보면 사탄의 송사가 들어오고, 결국 그로 인해 발병하는 것이다. 따라서 온전한 믿음 속에서 사탄으로 하여금 송사할 빌미를 갖지 못하도록 정신과 영혼, 몸과 마음을 청결하게 보존한다면 병이 틈타기 어렵다는 논리다.

사탄이 더러운 귀신들로 하여금 역사하게 하는 것이기 때문에 회개하고 전능자이신 하나님께 들어오기만 하면 치유된다는 것이다. 이 과정에서 의심 쪽에 설 것인가 믿음 쪽에 설 것인가는 전적으로 환자 본인에게 달려 있다. 다음의 사례는 이를 잘 말해준다.

1950년 오클라호마 주의 어느 큰 순복음교회에서 말씀을 전하고 있는데 한 젊은 여자가 예배에 참석하고 있는 것이 눈에 띄었습니다. 그녀가 이 교회의 성도인지는 모르겠지만 목발을 짚고 있었습니다. 목발을 이동시키려면 발에 충분한 힘을 주면서 목발 사이로 몸을 흔들어야만 했습니다. 40~50미터를 가려면 10분 정도 걸렸습니다.

그녀가 예배 때마다 참석은 했지만 치유를 받으러 앞으로 나오지 못했다는 것을 알게 되었습니다. 어느 날 밤 예배 후 내가 옆문을 통해 나가는데 그녀가 나를 붙들었습니다. 내가 그 문으로 나갈 줄 알고 미리 그곳에 가 있었던 것입니다. 그녀는 이렇게 말했습니다.

"저는 치유받으려고 나왔습니다. 목사님께서 저에게 손만 얹어주셔도 저는 나을 것입니다."

성경의 혈루병 앓는 여인을 연상케 하는 대목이다.

그녀는 양손을 들고 하나님을 찬양하기 시작했습니다. 목발 한 짝은 이쪽으로 넘어지고 또 한 짝은 저쪽으로 넘어졌습니다. 그녀는 완전히 고침받고 걸어서 나갔습니다. 아시겠지요. 그녀는 하나님의 말씀을 듣고 그 말씀을 자기 마음에 두었습니다. 믿음은 말씀을 들음에서 나옵니다.

치유의 도정은 의심과 믿음에 대한 끝없는 도정이다. 피어오르는 의심의 안개 너머에 있는 믿음의 밝은 빛을 붙잡는 일이다.

어느 해 이과수에 갔다. 천지를 흔드는 폭포 소리. 그 생명의 아우성을 듣다.

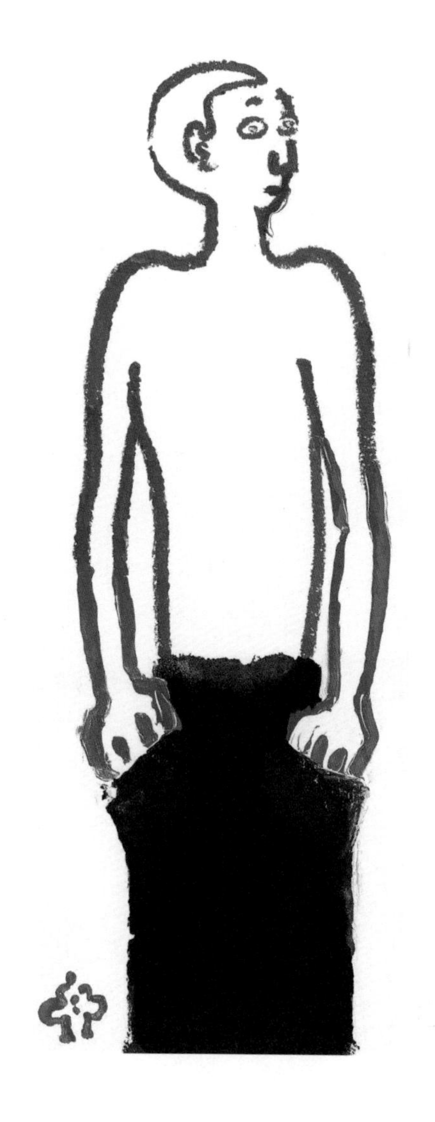

흔들리고, 꿈꾸며, 서성이던 시절.

쾌락과
고통 사이

그 길에서 서성이지 말라

이 책은 주로 '음란'의 문제를 지적한다. 수많은 크리스천들이 말 못 하고 끌어안고 고민하는 문제를 직시한다. 여호와의 산에 오르는데 걸림돌이 되는 몇 가지 중에서도 이 문제는 가장 큰 난제 중 하나인데, 저자는 이 분야의 전문가라고 할 수 있을 것 같다.

랜디 알콘Randy Alcorn 목사는 순결학의 대가다. 그의 논리는 쉽고 단호하다. 베스트셀러 소설가이기도 한 그는 적절한 비유와 예화들을 들어 주제를 파고든다. 그의 글을 읽다 보면 '음란'은 참으로 끔찍한 죄임을 인식하고 진저리치지 않을 수 없다. 예를 들면 이런 식.

비소라는 물질은 몸에 축적되는 특징이 있다. 비소 때문에 당신은 죽지만, 한 번에 죽지는 않는다. 많은 양도 필요 없다. 여기에서 조금 섭취하고 저기에서 조금 섭취하다가 결국…… 죽는다.

음란은 그리스도인의 생활과 결혼을 죽이는 살인자다. 우리는 스스로 매일 한 번에 조금씩 독을 섭취한다. 그 독에는 소설, 텔레비전 쇼, 영화, 잡지, 달력, 한 번 흘긋 봄, 경박한 말, 음탕한 이야기에 대한 무언의 동의 등이 있다. 비소 같은 영혼의 독이 차츰차츰 우리 몸에 퍼진다.

우리는 자신이 어제와 많이 달라졌다고 느끼지는 않지만, 5년 전과는 매우 많이 달라졌음을 느낀다.

이 말을 믿는가? 믿는다면, 하나님께 말씀드리라. "이런 성적인 영상들의 독이 제 몸에 퍼지고 있어요. 이런 것들을 피할 수 있는 지혜를 주시고 피할 수 있는 굳은 마음을 주세요. 그리고 하나님이 기뻐하시는 길을 따라갈 수 있도록 도와주세요."

시간이 지나면서 옳은 것을 먹고 마심으로써 비소를 몸 밖으로 배출할 수 있다. 그러나 새로운 비소가 몸에 들어오지 못하게 막지 못하면 회복할 수 없다.

그는 더러 내놓고 말하기 거북한 소위 '은밀한 죄'의 심각성을 부각시키며 햇빛 아래 드러내 서로 죄를 고하고 용서와 치유를 받아야 한다고 말한다. 더불어 하나님의 축복이 삐끗 방향을 잘못 틀면 어떻게 그분의 화와 징계를 불러들이는 저주의 수단으로 전락하는지를 소상히 설명한다. 예컨대 성(사실)과 불火의 비유가 그렇다.

불은 하나님이 주신 선물이다. 불이 없다면 우리는 어떻게 살 것인가? 하늘에 수많은 별이 떠 있는 어느 춥고 구름 한 점 없는 밤에 황야 한복판에서 모닥불을 바라본 적이 있는가? 그런데 이 신기한 불꽃들이 그 모닥불 밖으로 번진다면 어떤 일이 일어날까? 끔찍한 참화를 불러올 것이다. 고통을 불러올 것이다. 죽음을 불러올 것이다.

하나님이 주신 가장 위대한 선물을 하나님이 계획하신 대로 사용하지 않으면 그것은 완벽한 파괴범으로 변한다. 성도 그렇다. 위대한 선함을 위한 성이 갖고 있는 잠재성에는 양면성이 있다. 위대한 악으로 변할 잠재성 말이다.

불이 벽난로 안에서만 계속 타오르는 한, 그 불은 우리를 따뜻하게 해줄 것이다. 그러나 그 불꽃이 '밖으로 번지면' 집은 모조리 불탈 것이다.

부도덕성 때문에 삶이 황폐해진 사람들의 삶에 외적으로 드러나는 파멸을 나는 보았다. 그들이 다시 시작할 수 있을지 마음 아파하면서 그들의 절망감을 함께 느꼈다(그들은 다시 시작할 수 있다. 그러나 그렇게 할 수 있다고 믿는 것은 또 다른 문제다). 나는 내 영혼에 각인된 그들의 모습을 영원히 잊을 수 없다.

이 부분에서 실패한 수많은 대담자들을 상담하면서 체험적으로 책을 쓴 저자는 "성적 부도덕"의 죄란 길을 걷다가 순식간에 뚜껑 열린 맨홀에 빠지듯 누구라도 안심할 수 없는 것임을 강조한다. 특히 크리스천 대담자들을 상대하면서는 날카롭고 번뜩이는 예화와 비유로 회복을 시도하는데 "책상에서 떨어지는 책" 이야기는 재미있으면서도 절로 고개를 끄덕이게 한다.

어느 날 저자가 시무하는 교회로 한 남자가 찾아온다. 그는 "정말로 하나님께 화가 난다"며 자신이 심각한 불륜의 죄에 빠져 있다고 고백한다. 계속 기도했는데도 말이다. 저자가 지금도 그녀를 만나고 있느냐고 묻자 대담자는 그렇다고 고백한다. 저자가 둘 사이에 있던 책상 위의 책을 밀어버린다. 그러자 책은 바닥으로 떨어진다. 그가 대담자에게 말한다. 나는 방금 하나님께 책이 바닥으로 떨어지지 않게 해달라고 기도했다고. 행위로부터 돌아서지 않으면서 드리는 기도, 자율의지의 방향을 하나님께 꺾지 않으면서 드리는 기도는 이와 같다는 것을 일깨워준 것이다.

그렇다면 이 권투勸鬪에서 이길 수 있는 방법은 무엇인가. "나를 먹이라"고 소리치는 정욕의 욕망을 굶어 죽이는 것이다. 이를 악물고 눈과 마음을 지켜 옛 습관으로 돌아가지 못하도록 하는 것이다. 보는 것과 듣는 것에서 음란의 음식물과 욕망을 먹이지 않는 것이다. 그렇게 하면 시간이 흐를수록 정욕의 욕구는 꺾이며 다루기가 쉬워진다는 것이다. 도저히 항거할 수 없는 기세로 마음과 두뇌 가득 차오르며 맹렬한 기세로 포박하여 우리를 행위로 몰고 가던 그 사악한 기운이 믿을 수 없을 만큼 약화된다는 것이다. 음란의 먹거리를 공급하지 않고 대신 말씀과 기도의 먹거리를 공급하기 시작하면 원수는 일시적이나마 물러간다는 것이고, 이것이 새로운 습관으로 자리 잡으면 이 '이기는 습관'에 의해 '사망에 이르게 하는 육체의 일'의 죄는 기세가 꺾이게 된다는 것이다. 이때 주의할 것은 "선 줄로 생각하는 자는 넘어질까 조심하라"(고린도전서 10장 12절)는 것은 죄에 관한 한 누구라도 안전지대가 없기 때문이라는 것이다.

그렇다면 저자는 왜 이토록 다소 심하다 싶을 만큼 음란과 정욕의 죄에 대해 야전군의 지휘관처럼 우리를 닦달하는 것일까. "이 쾌락의 불길이 하나님을 향한 사랑은 태워버리고" "모든 축복과 약속의 말씀들을 지워버리기 때문"이며, "하나님 대신 우상의 자리"에 앉기 때문이며, 하나님이 주신 구원마저 심하게 흔들어버릴 수 있을 만큼 위험하기 때문이라고 말한다. 그리하여 이 일에 관해 저자는 "미리 조심할 필요가 없다면 당신의 이름은 바보다"라고 경고한다.

영적 임상의답게 그는 이 죄가 엄습하기 쉬운 순간의 상황들을 직시한다. "야한 TV 프로, 인터넷을 보는 일, 피곤하거나 홀로 있거나 외롭거나 좌절감이나 낙심 속에 있을 때, 배우자에게 화가 나 있거나 대인관계가 힘들 때", 그리고 나른할 때나 터무니없는 시간과 돈이 생겨 일탈의 마음이 생길 때, 여행지에서 홀로 호텔 방에 들어갔을 때 등등을 열거한다.

저자는 이 부분들이 '삶과 죽음의 문제'라고 직시한다. 이 악전고투의 여정에서 결국엔 하나님께서 구원하시기로 작정한 백성들은 사탄의 올무와 거짓에서 빠져나와 길을 돌이킬 것이라는 것이 저자가 이 책에 걸어놓은 희망의 등불이다. 그러나 유감스럽게도 그때는 하나님께 부여받은 소중한 시간을 허비해버린 인생의 노년인 경우가 많다고 한탄한다.

대세를 이룬 탁류 같은 성문화의 범람 속에서 설마 이 정도가 죄일까 싶은 것들이 결국 우는 사자처럼 우리를 할퀴고 잡아먹게 된다는 것을 결코 간과하지 말아야 한다는 것이 이 순결 학교 선생님이 독자 생도들에게 애타게 부르짖는 소리다.

쾌락은 고통을 부른다. 두 가지는 서로 양극을 이룬다. 일란성 쌍생아와 같다. 그러니 부여잡고 있는 그 줄을 놓아라. 그러면 치유하리라. 저자는 그 말을 하고 싶었을 것이다.

4장 —— 네 삶을 감사로 채워라

사랑할 시간이 많이 남아 있지 않다

내 생의 마지막 저녁 식사

때로는 들뜬 희망보다 맑은 슬픔이 더 필요할 때가 있다. 삶을 정화하는 힘이 있기 때문이다. 이 책을 읽으면서 증류수같이 맑은 슬픔을 느꼈다. 행간마다 어려 있는 그 영롱한 슬픔은 책을 덮을 때는 한 덩어리 숭고한 감동으로 바뀌어 있었다. 그리고 그 감동의 여진이 길고도 오래가서 나는 이 책을 사람들에게 선물하기 시작했다. 한 보따리씩 사놓고 오며 가며 선물을 했지만 아쉽게도 대부분 반응이 시큰둥하거나 책을 읽어보지도 않은 경우가 많았다. 심지어 제목부터 께름하다는 반응까지 있었다. 내가 좋아서 권한 책이나 영화나 여행지가 반드시 남에게도 좋은 것은 아니라는 씁쓰름한 사실만을 확인할 수 있었다. 어쨌거나 나는 이 책에서 감동을 받았다. 그것도 형용할 수 없이 깊숙하게. 그래서 읽거나 말거나 나는 지금도 가끔씩 사람들에게 이 책을 보낸다.

이 책은 '등대의 불빛'이라는 이름으로 불리는 독일 함부르크의 한 호스피스동의 요리사 루프레히트 슈미트에 대한 다큐멘터리 형식의 기록이다. 그는 모든 요리사가 꿈꾸는 일류 호텔 주방장 자리를 나와 이 호스피스동에서 최고의 요리를 선보인다. 생의 마지막 촛불이 깜박거리는 임종 환자들의 초소인 그곳에서 정성을 다해 그들 한 사람 한 사람의 주문을 받아 마지막 만찬을 준비하는 것이다.

물론 임종을 앞둔 이들의 '먹는다'는 행위는 건강했던 시절의 그것과는 비교할 수 없는, 전혀 다른 차원의 일이다. 주문을 받아 정성껏 준비한 음식을 가져가면 이미 죽음의 길로 떠난 이들도 있고, 막상 입에 넣어도 한 숟갈조차 못 먹는 경우가 허다하다. 그럼에도 불구하고 요리사 루프레히트는 일종의 종교 의식처럼 혼신을 다해 그들의 마지막 식사를 준비한다.

요리사가 "어떤 음식을 드시고 싶으세요?" 하고 물을 때 병상의 환자는 짧은 순간에 지나온 삶의 수많은 장면을 반추한다. 음식과 함께 떠오르는 생의 그 아름답고 빛나는 순간들을 생각하며 얼굴에 행복과 기쁨의 기운이 번진다. 좋아하는 음식을 사랑하는 사람들과 나누었던 그 영롱한 순간들의 기억을 되살리며 그대로 스르르 눈을 감는 이도 있다. 먹고 싶은 음식을 떠올리면서 돌아갈 수 없는 그 시절로 되돌아간 듯 희미한 미소 속에 행복해하며 눈을 감는 것이다. 호스피스동의 임종 환자들이 맛보고 싶은 것은 가버린 시간과 그에 대한 기억이라는 것을 요리사는 알게 된다. 그 흘러가버린 시간 속에 녹아 있는 사랑과 우정과 그리움을 다시 맛보게 하기 위하여 그는 임종 환자가 입술을 달싹여 주문한 음식을 그토록 정성을 다해 만드는 것이다.

그렇다. 누구에게나 가슴이 먹먹해지는 음식의 기억이 있다. 마지막 음식을 떠올리는 것은 그 기억을 길어 올려 맛보는 일이다. 그러기에 사랑하는 이들과의 식사는 그저 함께 밥을 먹는다는 것 이상의 의미를 지닌다. 그것은 추억을 먹고 사랑을 먹고 우정을 먹고 시간을 함께 먹는 일이다. 그러기에 예수님도 죽음을 앞두고 다른 무엇보다 제자들과 기꺼이 만찬을 갖지 않으셨던가. 지상에서의 이별을 앞두고 사랑하는 이들과 함께하셨던 그 마지막 만찬은 어떤 예배보다 거룩하고 지극한 것이었다.

하지만 가공할 속도로 휘몰아쳐가는 이 세상에서는 사랑하는 이들과의 저녁 한 끼도 자유롭지 않다. 언젠가 만난 대기업의 한 간부는 가족과 함께 저녁 식사 하는 게 일 년에 기껏해야 네댓 번에 불과한 것 같다고 말했는데, 그런 바쁜 삶을 은근히 자랑하는 것 같았다. 이런 형편이고 보니 예전에 한 대선 후보가 내건 '저녁이 있는 삶'이라는 캐치프레이즈가 그 어떤 거대 담론보다 가슴에 와닿는다. 나만 해도 해를 이어 세 분의 선배를 잃었다. 언제 식사나 한번 같이하자는 약속을 모두에게 했건만 결국 지켜지지 못했다. 피차에 영원히 살 것처럼 달려가면서 별생각 없이 던진 언제 식사나 한번 함께하자는 말이었지만, 그 '언제'의 시간은 끝내 주어지지 않았다. 그래서 이제

"언제 식사나 한번"의 '언제'는 '지금' 혹은 '당장'이라는 말로 바뀌야 옳을 것 같다는 생각이 든다.

가끔씩 우리 집 아이들을 포함한 청년 세대가 '밥을 함께 먹는다'는 의미를 알까 싶을 때가 있다. 삶과 우정과 사랑과 이별, 그리고 인생의 한 호흡과 체온을 이야기하고 나누는 그 '생명의 의식'과 '생명의 잔치'의 의미를 알고는 있을까 싶을 때가 있는 것이다. 나이 들어갈수록 '함께 밥 먹는다는 것'의 의미가 참으로 애틋하게 다가올 때가 많다. 그렇다. 어느 날 문득 함께 먹지 못할 날이 닥친다. 먹는다는 것이야말로 삶의 증거다. 이 책을 읽으면서 더운 밥 한번 함께 못 하고 내 곁을 떠나버린 이들 때문에 가슴이 울컥해지는 순간이 많았다. 우리가 사랑할 시간은 뜻밖에도 생각처럼 그렇게 많이 남아 있지 않다. 그것은 확실하다. 오늘 밤 당장 그리운 이들과 만나 기쁨의 순갈을 함께 들도록 하자.

지금은 춤추고 노래하라. 오직 지금 이 순간뿐인 것처럼.

비틀거리는 시간 속에서

거짓 신들의 세상

"우리는 역사상 최고의 시간과 최악의 시간을 함께 살고 있다." 이름난 기독 서적 베스트셀러 작가인 베스 모어Beth Moore의 말이다. 인류가 시달려온 오랜 궁핍과 가난도 상당 부분 완화됐고, 선교에의 핍박 또한 옛날 같지는 않은 데다, 문명의 넘치는 온갖 혜택과 편의 속에 살고 있지만 동시에 〈디모데후서〉에 나오는 언급처럼 "돈을 사랑하며 뽐내고 교만하며, 하나님을 모독하고, 부모에게 불순종하며, 절제 없고 난폭하며, 그리고 하나님보다 쾌락을 더 사랑하는" 종말적 징후의 시대에 살고 있기도 하다고 본 것이다. 그리고 무엇보다 무엇엔가 '빠지고' '사로잡힌' 시대에 살고 있다는 것이다.

예컨대 온갖 "중독"의 만연과 유혹하는 역사의 영靈이 전대미문으로 증폭되어 있는 시대에 살고 있다는 점에서 로마의 폭압에 버금가는 최악의 시대, 위험한 시대라고 할 수 있다는 것인데, 제2의 C. S. 루이스라 불리는 저자 티머시 켈러 Timothy Keller 역시 바로 그 부분을 주목했다. 과도한 속도와 과도한 경쟁이 난무하는 사회에서 살아가면서 저마다의 도피처로 무엇엔가 탐닉하기 마련이고, 그것이 곧 '중독' 현상을 불러오게 된다는 것이다. '물질', '명예', '쾌락' 같은 중독 속에 살면서 중독을 불러오는 것들을 우상으로 섬기게 되는 것이다. 우리는 범람하는 우상의 시대에 살고 있다. 그러니 근신하고 깨어 있지 않으면 먹히고 만다. 이것이 이 책의 요지다. 그는 〈디모데후서〉에 나오는 '종말의 영적 징후들'을 시대의 프리즘 앞에서 구체적으로 조명하면서 아예 현대 사회를 우상을 만들어내는 공장이라고까지 언급한다.

그렇다. '우상의 공장'이다. 우상의 대량 생산이다. 차라리 금 신상 앞에 절하는 것은 가소롭고 애교스러울 지경이다. 정교하고 교묘하고 집요하게 영혼을 파고들어 쥐락펴락하는 온갖 우상들이 창궐하는 세상. 어찌 보면 오늘의 기독교인은 붉은 순교의 피를 요구하는 폭압의 시대 못지않게 날마다 스스로를 순교시켜가야만 하는 '백색 순교'의 시대를 살아가고 있는 것이다. 오늘날의 많은 젊은 여성들이 외모에 지나치게 집착하는 바람에 우울증과 섭식장애로 고통받고 있다. 또한 풍요의 여신 아르테미스 신상 앞에서 향을 피우는 일은 없다고 하더라도 더 많은 부와 특권을 쟁취하기 위해 허다한 가장들이 애지중지하는 가족공동체까지 희생시키고 있다.

이 책은 〈출애굽기〉 20장 3절 "너희는 내 앞에서 다른 신들을 섬기지 말라"고 했던 하나님의 계명을 주목한다. 그러면서 오늘의 '다른 신'으로서 우상의 정체성을 열거한다. 우상이란 말할 것도 없이 "하나님보다 더 사랑하고 더 중요하게 생각하는 것, 마음과 공상의 세계를 하나님보다 더 많이 차지하고 있는 것이며, 자기 인생의 중심이자 핵심이 되어 그것이 없으면 살아갈 가치가 없다고 느껴지게 하는 짝퉁 하나님" 같은 것이라고 말한다. "자신의 열정과 에너지, 감정과 시간과 재산의 대부분을 쏟아붓게 하는" 그 '우상 목록'에는 "가족과 자녀, 돈, 사회적 지위, 이성과 쾌락, 성취감과 세상의 갈채, 정치적 이념, 안전하고 편안한 환경, 아름다운 외모나 우월한 지능, 심지어 성공적인 기독교 선교"까지 들어 있다. 이 각종 우상들은 각 사람의 "탐심과 죄성, 그리고 사악한 본능"을 집요하게 파고들어 결국은 넘어뜨리고 만다는 것인데, 그 우상들은 하나같이 그것을 확보하기만 하면 삶의 안정과 평화와 행복이 보장될 것이라는 거짓 약속의 미끼를 던진다는 것이다.

그렇다면 각각의 사람이 사로잡혀 있는 그 우상의 실체를 어떻게 알아볼 수 있을까. 저자는 그것이 "사랑의 상상을 사로잡기 때문에 우리 자신의 백일몽을 들여다보면 찾을 수 있다"고 말한다. 우리가 허다한 시간을 어떤 상상에 빠져 있는지 가만히 들여다보면 그 앞에 결국 무릎 꿇거나 절해선 안 될 우상의 모습이 저절로 드러난다는 것이다. 하나님처럼 사탄도 우리에게 '비전'을 던져준다. 그러나 하나님께서

어둠 속에 사는 것들은 무엇일까. 그 어둠의 포식자들은.

주시는 비전이 영원의 것이라면 사탄이 올무 삼는 것은 늘 순간의 비전이다. 감각적이고 짜릿하며 이 세상 모든 불안과 스트레스를 날려버릴 수 있는 그런 비전. 영원의 눈을 가리고 마취시켜버리는 그 어떤 것. 순간을 기꺼이 영원과 맞바꾸고 거래하게 만드는 요소들.

저자는 그 우상의 모습 중에 가장 막강한 것의 하나로 돈과 소유의 우상을 꼽는다. 늘 "더 많이"를 갈망하게 하고 목마르게 하는 돈은 이 시대에 그 원래의 목적 이상이 되어 신의 자리에 서 있다는 것이다. 덧없이 사라지는 만족감에 끊임없이 집착하게 하는 "성공의 유혹" 역시 우상의 한 모습으로 나온다. 인간이 모든 것을 통제하고 조작할 수 있다는 교만한 환상 역시 우상의 또 다른 모습이다.

저자는 끝으로 우리 마음자리를 차지하고 있는 갖가지 짝퉁 하나님을 몰아낼 수 있는 방법으로 〈골로새서〉의 "위에 있는 것들을 추구하는" 삶을 제시한다. 예수 그리스도 외에 다른 무엇이나 존재가 마음 중심에 들어와 섬김을 받고 있다면 소스라쳐 놀라며 참된 신이신 예수 그리스도께 돌아와야 한다고 역설한다. 스스로 자신을 저만치 떼어놓고 바라보아야 한다는 논리다. 우상 앞에 절하지 말라는 하나님께서 주신 계명에 대해 터무니없이 자신만만했던 현대인들에게 분명하고 적나라하게 제시된 새로운 우상 목록들을 인식하게 한다는 점만으로도 이 책의 가치는 충분할 것 같다.

허무의
동굴 앞에서

모자람의 위안

교회에서 안 입는 옷을 가져오라고 해서 옷장을 정리하다가 놀란 적이 있다. 도대체 이 많은 옷이며 넥타이를 언제 다 사들였단 말인가. 한숨이 나올 지경이었다. 그중에는 평생토록 한두 번 걸쳐보았을까 말까 한 것들도 있었다. 옷뿐이 아니었다. 학교 연구실이며 집의 서재에 가득 찬 책들 또한 마찬가지였다. 첫 페이지도 넘겨보지 않은 채 수년 동안 버젓이 책장의 자리를 차지하고 있는 것들이 많았다. 버리자니 언젠가 볼 것 같아서 그냥 꽂아둔 것들이었다. 이런 식으로 공간을 옥죄어 오는 물건들은 옷과 책만이 아니었다. 여행지에서 사 온 물건들 또한 마찬가지였다. 세계를 돌아다니면서 끌어모은 별의별 잡동사니들이 저마다 자리를 차지하고 요지부동 떠날 줄 모르는 것이다. 굳은 결심을 하고 정리하고 나도

행복의 빛과 색은 이런 것일까.

몇 해 지나면 다시 그 모양이다. 이제는 진주해 오는 적군들처럼 사뭇 위협적이기까지 하다.

언젠가 법정 스님이 기거했던 방을 사진으로 본 적이 있는데 정갈한 찻상 하나밖에 없는 빈 방이었다. 햇빛으로 환한 그 방의 모습을 보고 있자니 머리로 맑은 솔바람이 지나가는 것 같은 느낌이었다. 지구의 어느 쪽에선가는 모자람으로 허덕이는데 다른 어느 쪽에서는 넘쳐남으로 비명을 지른다. 하루 한 끼가 자유롭지 못한 나라가 있는가 하면 넘치는 체중을 주체하지 못해 가쁜 숨을 몰아쉬는 쪽이 있다. '한 달에 8kg 감량!' 같은 광고 전단지는 이제 식상할 정도다.

이 책은 욕망의 블랙홀을 채우느라 급급하기보다는 차라리 부족하고 빈 채로 두는 것이 행복임을 일깨워준다. 누가 모르랴. 실행이 안 돼서 문제인데, 조목조목 채우면 채우려 할수록 왜 더 큰 부족감에 허덕여야 하는가를 풀이해준다. 정신 바짝 차리고 고삐 풀린 자본주의의 욕망 메커니즘을 응시하지 않으면 생애가 끝날 때까지 그 흐름에 떠밀려가며 부족감이 불행감으로 이어질 것임을 경고한다.

그런데 더 크게, 더 많이, 더 화려하게는 교회도 별반 다르지 않다. 더구나 교회는 그 모든 넘쳐남이 "하나님의 영광을 위해서"라는 한 줄로 용서될 뿐더러 권장되기까지 한다. 우리들의 주인 되시는 예수께서는 "인자仁者는 머리 둘 곳이 없다"고 했건만 그 가르침을 받은 우리는 스승이 바라보던 쪽과는 다른 방향을 향한 지 오래다.

그런데 저자는 그 모든 넘쳐남의 배후에는 인정받고 뽐내고 싶은,

그리고 통제하고 지배하고 싶은 유치찬란한 자아가 숨어 있음을 직시한다. 그 자아는 풍요가 우리를 보호할 뿐더러 존재감을 한껏 드러내 줄 것이라고 기대하게 한다는 것이다. 심지어 저자 자신이 학위를 계속 따고 큰 교회를 이끌고 신학교 총장이 되고 전국적으로 유명세를 떨치는 강사와 설교자로 활동하면서 끊임없이 새로운 책을 집필한 것도 다분히 그 유아적 자아가 발동되어 자신의 존재감을 드러내기 위한 일련의 행위였노라고 고백한다. 예컨대 뽐내고 주목받고 싶은 욕망이 불길을 댕겨 끊임없이 자신을 몰아갔다는 것이다. 문제는 이 욕망의 불길은 태울 수 있는 한 모든 것을 삼키고도 남는 포식자여서 만족을 모른다는 데 있다. 재물이건 지위건 더 많이 누리고 더 많이 부리고 더 많이 종속화시키기 위해 몰아가다가 결국 자신마저 탈진시켜 버린다고 했다. 위장을 80%만 채우면 의사가 필요 없다는 말이 있다. 이처럼 과유불급過猶不及은 만고불변의 법칙이건만 고삐 풀린 욕망은 아랑곳없다.

그렇다면 대안은 무엇일까. 채우려 말고 모자란 듯한 지점에서 만족하라는 것이다. 모자랄 때 감사하고 여유가 생기며 주변을 돌아보게 된다는 것이다. 마치 동양화에서 볼 수 있는 여백의 미학처럼 모자람을 소중히 하고 그대로 두라는 것이다. 더불어 채워도 채워도 채워지지 않는 욕망의 동굴이 결국 허무의 동굴인 채로 있는 것은 그것이 '하나님'으로만 채워져야 할 영역이기 때문이라는 것이다. 사실 이것이 이 책의 포인트이기도 하다. 하나님 아닌 다른 그 무엇으로는 채워질 수 없는 공허 공간이기 때문에 비워둔 채 그분의 임재로 채워지기를 기다려야 한다는 것이다. 그리고 우리의 주인 되시는 그분으로 채워질 때에라야만 채워도 채워도 채워지지 않는 욕망의 블랙홀은 비로소 넘치는 충만 상태가 된다는 것. 예컨대 "텅 빈 충만"이다. 그 경지가 되면 초막이든 궁궐이든 욕망에 구애받지 않는 자유경을 체험하게 된다는 것이다. 더 많이 포기하고 더 많이 내려놓을수록 더 많이 자유스럽고 더 많은 하나님의 임재를 체험하게 되리라는 것. 이 책이 일깨워준 평범하지만 소중한 지혜다.

행복을 요리하라고?

행복 요리법

행복을 요리한다고? 도대체 무슨 식재료에 무슨 양념을 넣어 어떻게 요리하는 것일까? 하지만 원제는 요리 이야기가 아니다. '행복하거나 존재하지 않거나Plaidoyer pour le bonheur'이다. 다분히 철학적인데, 예컨대 존재의 이유가 행복이어야 한다는 것이다.

그런데 행복이란 무엇인가. 저자는 이렇게 말한다. 참되고 지속적인 행복은 어떤 종류의 기분 좋은 감정이거나 강렬한 기쁨, 일시적 황홀경 같은 것이 아니다. 예컨대 어떤 마법 같은 순간으로 국한될 수 없다는 것이다. 동시에 오래 갈망하던 일의 성취나 사랑하는 이와의 재회, 도무지 제한이나 부족함 없는 풍요 같은 상태만도 아니라고 말한다. 그런가 하면 햇살이 비쳐드는 숲속을 거닐거나 별이 빛나는 하늘을 보며 눈밭을 걸어 등반하거나 불타는 저녁놀을 바라보며 느끼는 자연과의 조화나 평화로운 순간들로 정의할 수도 없다고 말한다. 그렇다면 도대체 행복이란 무엇이란 말인가. 저자는 그것을 삶의 매 순간 잠재해 있는 지속적인 충만 상태라고 정의한다. 위에서 열거한 행복 목록들이 한결같이 '왔다가 사라지는' 혹은 '있다가 없어지는' 것들임에 반해 그가 내세우는 참된 행복은 모든 조건과 온갖 곡절을 초월하여 영속하도록 있는 그 어떤 상태라는 것이다. 그것은 온갖 미망과 정신적 독소들, 그리고 편견과 지식을 넘어 도달하는 평안의 상태이기도 한 것이다.

그는 일시적으로 경험할 수 있는 행복의 순간들과 이 지속적인 마음의 평안, 혹은 잔잔한 기쁨의 상태를 구분 짓는다. 이 두 가지 상태는 차원도, 지속 시간도, 깊이도 전혀 다른 것이라고 언급한다. 그는 이 은은하고 지속적인 기쁨 혹은 평안의 상태는 외부의 조건으로부터 오는 것이 아니기 때문에 상황을 초월하는 것이라고 몇 번씩이나 강조한다. 그러면서 지옥 같은 감옥에서 12년을 보낸 한 남자가 보여주었던 잔잔한 미소와 역시 25년의 부당한 징역형을 선고받은 한 남자가 8년의 감옥 생활 끝에 도달한 '행복'의 상태를 예화로 든다.

그런데 그가 존재의 이유로 끝없이 이 참된 행복의 상태를 지향해야 한다고 말하는 이유는 무엇일까. 그 상태에 도달했을 때라야만 참다운 삶이 펼쳐진다는 것이다. 왕왕 행복에 대한 오해 때문에 덧없는 것을 영원한 것으로 여기고, 고통의 원천에 다름없는 것을 행복으로

다만 말 없음.

여기는 어처구니없는 일들이 발생한다는 것이다.

실제로 저자는 배낭을 메고 히말라야를 등반하듯이 행복을 찾아 길을 나선다. 저명한 철학자인 장 프랑수아 르벨Jean-François Revel을 아버지로 두고 약관 스물여섯 살에 분자생물학으로 박사학위를 받은 그는 모든 것을 내려놓고 내적 평화와 지혜를 얻기 위해 행복 탐험의 길을 나섰다. 그리고 마침내 티베트의 한 산촌에 도달했다. 여기서 수년 동안의 불교적 수련을 통해 참된 행복이 아닌 것들을 하나씩 지워 나가던 끝에 어떤 충만한 내적 상태를 체험하고 나서 이 책을 쓰기에 이른 것이다.

지속적이면서도 충만한 내적 상태. 대체로 행복이 어떤 외부적 상황의 조건이 아니라는 것은 자명해진다. 그런데 기독교인인 나의 관점에서 보았을 때는 저자가 누차 언급한 참된 행복의 상태라는 것이 기실 기독교에서 이르는 성령으로 충만한 상태 비슷한 것이 아닐까 싶다.

두더지
죽이기

현대인을 위한 죄 죽이기

이 책을 펼치면서 한 가지 장면이 떠올랐다. 초등학교 근처 문구점 앞에 흔히 있는 '두더지 죽이기' 게임이었다. 상자 위에 볼록볼록한 형태들이 떠올라 오면 얼른 방망이를 들어 내리치는 게임인데 여간 속도를 내지 않으면 여기저기에서 튀어 올라오는 자그마한 고무 머리통들을 당해낼 수 없다. 누군가는 죄를 "하루 종일 옆구리에서 재잘거리는 원숭이 같은 것"이라 했고 누군가는 "에일리언처럼 끈적하게 달라붙어 있는 기분 나쁜 것"이라 했는데, 나는 '죄' 하면 두더지 죽이기 게임의 두더지 생각이 난다. 두더지 죽이기 게임에 나오는 두더지들은 한 번 치면 죽는 시늉을 하며 얼른 땅으로 들어가버리지만 결코 영원히 죽는 법이 없어서 잠시 후 다시 고개를 내민다. 제아무리 힘껏 내리쳐도 금세 다시 올라와 서서히 지치게 만드는 두더지들과의 싸움은 그래서 끝나는 법이 없다.

저자 존 오웬John Owen은 종교개혁자 장 칼뱅John Calvin, 18세기 대각성 운동의 탁월한 신학자 조너선 에드워드Jonathan Edwards와 함께 개혁주의 3대 신학자로 알려진 인물이다. 저자 사후 400여 년이 지났어도 그 영향력은 여전한데, 특히 '죄 죽임'의 전문가로 알려져 있다. 힘들고 지치기 쉬운 것인데도 불구하고 죄와의 싸움은 왜 멈출 수 없으며, 왜 승리해야 하는가를 마치 군사용 작전서처럼 박진감 있게 써 내려간 것이 이 책이다. 한마디로 죄와의 전쟁에 휴전은 없다는 것이 그의 주장인데, 그는 죄의 속성에 대해 이렇게 언급했다.

죄는 전투적이고 적극적이다. 배반과 소란과 문제를 일으키는 것이 죄의 성이다. 뿐만 아니라 지속적으로 퇴치하지 않는다면 더욱 엄청난 죄를 양산해낸다. 죄가 지향하는 바는 저속하고 누추한 방법으로 영혼을 파괴시키는 것이다. (…) 죄가 다윗을 비롯한 수많은 사람들을 미혹하여 어떤 짓을 하도록 했는지 우리는 익히 알고 있다. 죄는 항상 극단을 추구한다.

논급은 깊이 이어진다.

죄가 우리를 미혹하거나 격동시킬 때마다 그대로 방치한다면 결과는 뻔하다. 많은 사람들이 걸려 넘어진 것처럼 우리 역시 죄가 원하는 대로 끌려가다 보면 점점 더 깊은 수렁으로 빠져들 것이다. 불결한 생각이나 눈짓은 간음으로, 탐심의 욕구는 탄압으로, 불신의 생각은 무신론으로 발전할 것이다. 죄는 이런 식으로 기회만 오면 점점 뻗어 나가 악의 정점으로 우리를 유도한다.

저자는 특히 '내주하는, 즉 안에 잠복하여 서식하는' 죄의 음습한 습성을 직시해야 한다고 말한다. 어둠을 틈타 접선하는 간첩처럼 죄는 우리 육체 속으로 파고들어 거점을 확보한다. 그리고 일단 진지를 구축하면 항거할 수 없는 힘으로 넘어뜨리고 만다. 학위를 몇 개씩 주렁주렁 달고 있는 저명한 석학이거나 심지어 목회자라 할지라도 안심할 수 없다는 것이다. 저자는 사람들이 "죄는 언제나 활동 중이며 언제나 우리 안에 서식하고 있다"는 사실을 간과하고 있다고 말한다. 아무리 경건하고 거룩하게 보이는 성도나 교회 지도자들이라 할지라도 그들이 바로 이 '내주하는' 죄의 속성에 노출되어 있다는 사실을 잊지 말아야 한다고 지적한다. 따라서 바이러스처럼 마음의 나라에서 활개 치는 죄까지를 모조리 죽여야 한다는 것인데, 그렇다면 왜 이토록 치열하게 죄와의 싸움을 계속해야 하는가. 그것은 죄를 죽이지 않으면 내가 죽기 때문이라는 것이 그의 주장이다. 그렇다! 죽이지 않으면 내가 죽는다. 그래서 피를 흘리면서까지 싸워야 하는 것이다.

한편 교회를 향한 질타도 있다. 죄가 범람하고 창궐해도 날카롭게 지적하고 일깨우기보다도 '은혜'를 방패로 얼버무리려 한다는 것이다.

부패한 마음을 못 본 척하며 회개를 촉구하는 대신 '은혜'만을 강조해 값싼 위로를 선물하려 한다는 것이다. 하지만 그는 죄를 묵인하는 것이야말로 하나님의 은혜를 배반하는 것이라고 말한다. 그런 면에서 죄를 다루는 개인도 문제이지만 교회 역시 책무를 느껴야 한다는 것이다.

사실 "독사의 자식들아, 회개하라!"고 했던 요한의 시대와 비교한다면 현대 교회에서 죄를 다루는 방식은 너무도 개량적이고 온건하여 거의 방치하다시피 하고 있다는 것이 옳은 표현일 것이다. 그래서 죄는 날이 가면서 집단의 논리 아닌 개인의 영역으로만 한정되고 있다는 느낌을 지울 수 없다. 그런데 '죄'는 왜 이토록이나 집요하게 우리를 넘어뜨리려 덤비는 것이며, 우리는 왜 이것에 굴복하여 넘어지면 안 되는 것일까. 거기에는 창조주의 '인간 경작과 수확'의 논리가 있는 것 같다. 예컨대 쭉정이는 버리고 '알곡'만을 거두어 천국에 들이신다는 계획인 것이다. 병충해를 입은 곡식은 식량으로 부적절하기 때문에 버릴 수밖에 없다. 병충해를 이긴 충실한 알곡만을 거두어 들이는 농부처럼 하나님은 죄를 이긴 자, 그리하여 결실을 맺은 자만을 당신의 거룩한 나라에 불러들이려 하는 것이다. 그러나 뉘라서 죄를 온전히 이기고 하나님을 '아바 아버지'라 부를 수 있겠는가. 그래서 결국 죄와 대신 싸워 속죄의 제물이 될 당신의 아들 예수 그리스도를 우리에게 주신 것이다. 우리의 대장 예수께서 앞장서서 싸우고 계시니 우리도 그분을 따라 전쟁터에서 피 흘리기까지 싸워 마땅하다는 것이 저자의 논리다.

그 점에서 볼 때 오웬의 목소리는 오늘날 광야에서 홀로 외치는 선지자의 소리처럼 외롭다. 그럼에도 불구하고 우리는 가던 길을 멈추고 허공에 울려 퍼지는 그의 소리에 귀를 기울여야 할 듯하다. 오늘날 우리는 너나없이 너무도 치명적이고 다양한 죄의 유혹 앞에 노출되어 있기 때문이다. 어디를 둘러봐도 죄가 아닌 것이 없다. 성경적 표준에 비추어 볼 때 인생은 숫제 이 창궐하는 죄의 바이러스 속에 잠겨서 사는 것 같다. 그래서 신앙을 제대로 지킨다는 것이 로마 제국의 박해 시대보다도 더 어려운 일이 아닐까 싶다.

오호라, 곤고한 삶이여. 현대인의 삶이여. 특히나 정념이 넘치게 끓어 오르는 청년의 시기를 경건과 거룩으로 곱게 지나쳐가기는 너무도 지난한 일인 것만 같다. 오직 한 가지 위로가 있다면 "사람으로는 할 수 없으되 하나님은 능히 하시리라"(마태복음 19장 26절)는 바로 그 말씀밖에는.

사랑을
묻다

나는 사랑의 처형자가 되기 싫다

저자는 미 스탠퍼드대 교수이자 정신과 의사이고, 역자는 영문학자이자 심리학자다. 내가 특별히 번역자를 소개하는 것은 그 번역이 참으로 놀랍도록 유려하면서도 완전한 문장으로 시종하고 있기 때문이다. 나 같은 다독가는 책을 잡으면 곧 원작자뿐 아니라 번역가의 역량도 간파하게 되는데, 쏟아지는 책 가운데 흡족한 번역을 만나기 어려운 것이 현실이다. 따라서 원작과 잘 조화되면서도 번역 자체의 생명력을 지닌 작품을 만나면 반갑기 그지없는데 바로 이 책이 그랬다. 책을 읽다가 몇 번씩이나 뒷날개의 번역자 이름을 확인했을 정도다. 똑같은 어빈 얄롬Irvin Yalom 팬인 아내에게 번역의 유려함을 얘기했더니 저자가 워낙 글을 잘 쓰는 사람이라고 했지만 내가 보기엔 번역자의 어휘력과 문장 구사력 또한 원저자에 못지않았다.

어쨌거나 이 책은 '사랑'의 이름을 걸고 쓰인 책 중에 적잖이 충격을 준 책이다. '사랑' 하면 좋은 것, 달콤한 것의 의미로 다가오기 십상인데 여기 나오는 사랑은 사랑은 사랑이로되 참으로 절망적이거나 뒤틀린, 그리고 고약하고 고통스러운 사랑 이야기가 태반인 까닭이다. 아, 사랑이라는 하나의 어휘 속에 이토록이나 다층적이고 복잡한 인간의 삶이 얹히는구나 싶었다.

더불어 '사랑'에 관한 하나의 사실을 다시 확인할 수 있었다. 햇빛과 물로 자라는 나무처럼 인간은 사랑으로 크는 나무라는 사실이다. 우리가 이미 알고 있지만 9·11 테러사태 때 절망적 죽음의 상황을 앞두고 가족이나 애인과 마지막 주고받은 외마디 같은 소리 역시 "사랑"이었다. 흔히들 사랑을 세 종류로 나누지만, 이 책을 읽다 보면 사랑은 백 가지 천 가지로 나누어질 수 있을 듯한 느낌을 받게 되고, 인간은 사랑을 빼고서는 설명할 수 없는 존재라는 생각까지 갖게 된다.

그런데 저자는 이토록 여러 형태로 사랑을 갈망하는 것은 존재 저편에 웅크리고 있는 죽음에 대한 의식 때문이라고 보았다. 아니, 존재 저편이 아니라 아예 자신의 생명 인자 속에서 자라고 있는 '죽음의 씨앗' 때문이라는 것이다. 죽음이라는 다가올 현실을 끊임없이 부정하거나 도피하다가 살아 있는 동안 아예 그것이 의식되지 않도록 우리 삶에 가족, 동료, 연인 같은 여러 존재와의 관계를 설정하고, 그 관계의 그물망을 수시로 '사랑'의 이름으로 조이거나 엮어내려 한다는 것이다. 하지만 아무리 그렇다 해도 자신과 타인 사이에 결코 연결될 수 없는 '틈'이 생김으로써 '실존적 소외'는 늘 불가피한 부분으로 남겨지는데, 그럴수록 그 간격을 메우기 위해 사랑을 갈망한다는 것이다. 이쯤에서 보면 '사랑'이라는 달콤하고 아름다운 단어는 사실 그 속에 날카로운 이기의 발톱과 생존 논리를 담고 있는 듯이 보인다. 어쨌거나 사랑에 빠지면 일종의 '흡수되어버리는' 축복받은 상태로 들어가게 되어 소외받고 불안하고 외로운 '나'에 대한 자의식이 녹아 없어짐으로써 마약 같은 행복감 속으로 들어가는 것이지만, 사랑을 상실한 후에는 반대로 끔찍한 고통 상태를 체험하는 것이어서 결국 '사랑의 처형자'라는 용어까지 나오게 된다.

이 책에는 사랑과 그 상실을 경험한 노쇠한 70대 여인 엘마가 나온다. 싸구려 트레이닝복을 입고 턱이 떨리며 부스스한 머리카락과 퍼렇게 심줄이 튀어나온 주름살투성이의 노인 엘마는 10여 년 전 한 심리치료센터에서 젊고 잘생긴 연하의 수련의 매튜와 사랑에 빠진다.

엘마는 매튜와 27일간 흡사 마법에 걸린 것처럼 사랑에 빠져 하늘로 붕 나는 듯한 체험을 했는데, 그 이전에도 이후에도 그처럼 행복한 적이 없었노라고 고백한다. 그러나 매튜로부터 일방적인 결별을 선언받은 후 심장이 찢어지는 듯한 아픔을 경험하고 두 번이나 자살을 기도한다. 엘마는 그와 결별한 후 무려 8년간 단 한순간도 그에 관한 생각으로부터 놓여날 수 없었다고 고백한다. 기억 속에서 27일간의 그 백일몽 같던 시간을 수도 없이 되돌리고 또 되돌렸지만 그 사랑은 이미 환각처럼 가버리고 난 뒤였기에 소용없는 일이었다. 이른바 사랑의 복수가 시작된 것이다.

그녀는 먹지 못하고 자지 못했으며 수면제와 우울증 약만 번갈아 한 움큼씩 먹다가 상담을 위해 저자 얄롬을 찾아온다. 애초에 사랑의 획득을 경험하지 않았던들 그토록 쓰라린 상처도 없었을 터이지만, 그럼에도 불구하고 인간은 불나방처럼 사랑의 불길 가운데로 날아간다. 이 책은 경우는 다르지만 모두가 엘마와 같은 사랑의 획득과 상실로 아파하는 사람들의 이야기로 가득 차 있다. 책을 읽고 나면 비로소 왜 성경에 세 가지 사랑이 나오는지, 왜 예수께서 베드로에게 네가 나를 사랑하느냐고 거듭해 물으셨는지 알게 된다. 예컨대 의존과 소유욕에서 발동된 애욕과 갈망이 아닌 희생과 헌신의 사랑은 같은 '사랑'이라는 단어 안에 있지만 사실은 그 의미가 해와 달처럼 먼 것임을 알게 되는 것이다. 예수께서 설명하신 친구를 위해 죽을 수 있는 사랑은 같은 죽음을 얘기하고 있지만 엘마가 사랑의 상실을 겪은 후 죽으려 했던 것과는 정반대 죽음일 수 있는 것이다. '사랑'이 범람하는 시대이다 보니 심지어 얼마 전까지만 해도 번호를 묻기 위해 전화를 걸면 "사랑합니다"라는 멘트가 흘러나올 정도였다. 그러다 보니 '사랑'은 그 본뜻을 잃고 싸구려 포장지처럼 날아다니게 된 것이다. 새삼 사랑의 의미와 깊이, 그리고 그 무게와 다양함에 대해 생각해볼 수 있게 한 책이다.

천지에 꽃들은 축포처럼 터지는데 봄을 노래하지 못하는 시인은 슬프다.

떠나라,
뻗어 나가라

인생의 궤도를 수정할 때 이 책은 몇 줄의 시와 함께 시작하고 또 깊어진다. 시인 에드 시스맨Ed Sissman이 썼다는 '시詩'다.

> 사십이 넘은 남자들
> 한밤중에 일어나서
> 도시의 불빛을 쳐다보고는
> 인생이 왜 그리도 긴지 의아해하고
> 어디서 길을 잘못 들어섰는지 생각한다.

길을 잃고 깜깜한 낭떠러지 앞에서 한 발짝도 앞으로 뗄 수 없었던 저자 자신의 회한에 찬 회상이 곁들여진다. 온갖 미디어와 관계망들을 통해 성직자인 자신의 불륜, 그 끔찍하고도 바보스러웠던 실패가 터져나가는 것을 보면서 저자는 소망의 불빛이 모두 꺼져버리는 것을 느낀다.

미국 작가 레너드 마이클스Leonard Michaels 이야기도 나온다. 그는 세 번의 이혼과 자식들과의 이별, 그리고 스스로 저지른 악행과 죄의 목록들을 떠올리며 "어떤 낯선 자를 관찰하고 있는 것 같은" 기분을 느꼈다고 썼다. "나라면 결코 행하지 않았을, 결코 말하지 않았을 것들을 말하고 행했다. 나는 그 사람이 내가 아니라고 주장하고 싶었다"고 고백하면서 참담하게 말한다. "하지만 그 남자는 바로 나"라고. 이렇게 소망의 불빛을 잃어버린 채 낙담과 좌절, 실의와 절망, 그리고 무기력과 공허에 빠진 사람들에게 저자는 '중간 궤도 수정'이라는 긴급 처방을 내놓는다. 비행기가 항로를 이탈했을 때 관제탑에서 주어지는 명령이다. 그는 성경적 삶을 '떠나라, 따르라, 뻗어 나가라'는 세 단어로 압축하면서 중간 궤도 수정은 바로 이 세 가지 계기판의 명령을 따라 방향을 바꾸는 일이라고 말한다.

그런데 궤도 수정은 말처럼 쉽지 않다. 우선 '익숙한 것'과의 결별이 이루어져야 하고, 그러기 위해서는 죄된 것에 습관적으로 미끄러져 들어가는 자신을 제어해야 하는데, 이 작업이 실로 악전고투의 연속이기 때문이다. 다시 절규 같은 알프레드 테니슨Alfred Tennyson의 시 한 줄이 나온다.

오, 내 속에 새로운 인간이 태어나도록
현재의 나, 이 사람은 더 이상 존재하지 않기를.

저자는 인생의 항로, 즉 나름대로 창조주의 목적성을 따라 그곳을 향해 가다가 길을 잃어버린 사람들의 궤도 수정을 우리가 마음 혹은 영혼이라고 부르는, 내부로부터 시작하여 외부로 확산되어가는 과정이라고 설명한다. 이때 다시 태어나는 것과 같은 회심回心이 필요한데 그것은 하나님의 주도하에서만 가능하다고 못 박는다. 내 주도로 했던 것들, 예컨대 내 판단과 직관과 충동으로 내려진 결론들이 결국 나를 잘못된 방향으로 끌고 갔기 때문에 궤도 수정에는 하나님의 관제탑으로부터 내려지는 명령을 따를 수밖에 없다는 것이다. 즉 "떠나라, 따르라, 뻗어 나가라"의 명령인 것이다. 자아가 내린 바보 같은 결론들과 충동적인, 그러나 다분히 자발적인 죄의 목록들 앞에서 느껴지는 자기혐오와 연민, 그리고 무력감을 저자는 절절히 고백한다. 그러면서 그 강한 올무 같은 죄에 발목 잡혀 떠나지 못하고 주님께 순종하지도, 마음껏 뻗어 나가지도 못하는 자신을 "어둠 속에 길 잃은 자"로 표현하는 것이다.

사실 단테Alighieri Dante의 《신곡》에 나오는 "캄캄한 숲에서 길을 잃은" 사람은 하나님의 불빛 외에는 소망이 없는 상태이기도 하다. 저자는 "이 캄캄한 숲"이 "스스로 만든 것이든 상황의 부산물이든" 여기서 가능한 유일한 해결책은 "궤도 수정"이고, 그러기 위해서는 "신의 나침반"을 따라 그 어두운 숲을 빠져나가는 일 외에는 선택의 여지가 없다고 역설한다.

이 책에는 중간 궤도 수정을 이루어낸 모델들이 나온다. 아브라함으로부터 바울에 이르기까지, 그리고 우리 곁의 보통 사람들에 이르기까지 허다한 "어두운 숲에 빠진" 사람들과 그 숲으로부터 나온 사람들의 이야기가 나온다. 그런데 그의 명저인 《내면 세계의 질서와 영적 성장》의 서문처럼 "어두운 숲"에서 빠져나오는 첫 단계는 한결같이 내면 세계의 정비로 시작된다. 캄캄한 숲보다 더 어둡고 헝클어져 있는 마음과 영혼의 수리가 이루어지면 그곳으로부터 희미한 불빛이 새어나가 숲을 비춘다고 보았기 때문이다.

책의 말미에 다시 그는 궤도 수정을 위한 '변화'에 대해 이야기한다. 과연 사람들은 변화할 수 있는가, 더 깊고 역동적이며 지금과는 다른 인물이 될 수 있는가, 바람직하지 않은 삶의 패턴을 따라 너무도 오랜 세월을 살아온, 그리하여 그들이 되고 싶었던 존재, 하나님이 기대하신 삶과는 너무도 멀리 와 있는 캄캄한 숲속의 삶이 변화를 따라 궤도 수정을 할 수 있기는 한 것인가에 대해 다시 묻고 "그렇다! 가능하다"고 말한다.

변화. 말이 쉽지 그것은 참으로 고통스럽고 힘든 과정이다. 습관적이고 반복적인 죄의 유혹은 우리가 변화 쪽을 향해 발을 내딛는 것에 상상 외로 강력하게 저항하는 까닭이다. 그래서 왕왕 파멸의 결국에 도달할 때까지 돌아서지 못한 채 죄된 습관의 바퀴를 돌고 있는 것이

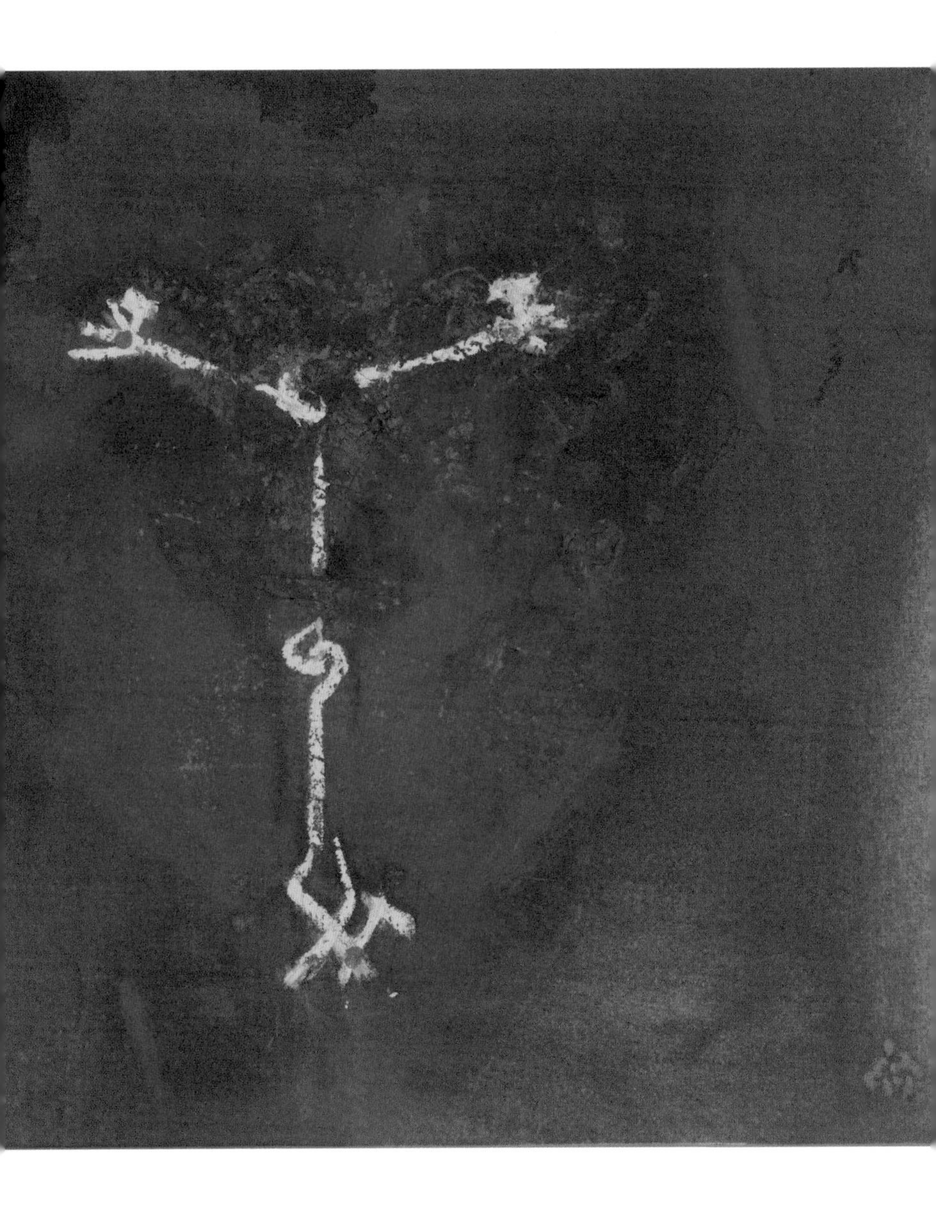

내가 네 눈물을 보았노라. 네 부르짖음을 들었노라.

기 때문에 저자가 제시한 가능성이란 자아 중심의 궤적이 아니라 눈을 들어 전능자를 바라볼 때 비로소 서서히 열린다는 것이다. 그래서 자아 중심의 무수한 결심과 각오가 헛되이 무너진 자리에서 비로소 그 변화의 가능성이 시작된다는 역설을 제시한다. 온갖 비관론을 뚫고 하나님의 말씀에 귀 기울이며 그분으로부터 나오는 희미한 빛 한 줄기를 보기만 한다면 그 일은 가능하다는 것이다. 다만 '듣고 보며 걷는 일'은 우리에게 주어진 몫이다.

모든 것이
은혜다, 은혜고말고

모든 것이 은혜다

> 내 소식을 한동안 듣지 못했을 겁니다. (…) 지난 몇 년간은 정말 힘들었습니다. 내 계획대로 되지 않았다는 의미에서 힘들었습니다. 사실 내 계획대로 된 것은 하나도 없습니다. 나는 뿌리가 뽑혀 익숙하면서도 낯선 땅에 이식되었습니다. 이 말은 문자적이기도 하고 비유적이기도 합니다. 살아 있습니다. 그러나 힘들었습니다.

저자는 한때 가톨릭 사제였다. 그리고 지금은 명저술가이고 설교가이며 강사다. 그리고 유감스럽게도 알코올중독자다. 중독도 지독한 중독이다. 수십 년간 지속된 만성적이면서도 중증의 알코올중독자인 것이다. 그런데 그런 그가 하나님의 은혜를 말한다. 삶 속에서 어떻게

모든 것이 은혜다. 폭포수같이 내린다.

하나님의 은혜를 입었는지 가리지 않고 다 드러낸다. 그렇다. 좀 저속한 표현이지만 그는 바닥까지 내려간 자기 삶을 그야말로 까발리듯 드러낸다. 그는 자신의 책이 부랑아의 회고록이라고 말한다. 그러면서 부랑아에게는 하나의 기도밖에 없다고 고백한다. 그것은 "하나님, 저는 죄인입니다. 불쌍히 여겨주십시오"라는 흐느낌의 기도다.

그런데 그는 반평생 넘어지기를 계속하고 있을 뿐, 온전한 회복과 온전한 치료를 경험하지 못했다. 그런 와중에 수도 없는 은혜 간증을 한다. 그리고 처음엔 의아하거나 심지어 불쾌한 기분으로 이 '부랑아 복음 집회'에 참석했던 많은 사람들이 말할 수 없는 은혜를 입고 감격하여 눈물을 흘린다. 참으로 기이한 일이 아닐 수 없다. 그러나 한편 불행한 자의 위로는 그보다 더 불행한 자의 위로가 있을 때 참 위로를 받는다는 말을 새겨봄 직하다. 그래도 그렇지 알코올중독자의 간증에 위로를 받다니, 하지는 말자.

언젠가 한 정신과 의사가 쓴 중독에 관한 글을 본 적 있다. 현대인은 스물몇 가지에 이르는 제각각의 중독 혹은 중독 증상에 시달린다는 글이었다. 알코올중독, 쇼핑 중독, 도박 중독, 인터넷 중독, 음란물 중독 같은 흔한 중독에서부터 물질 중독, 심지어 글 쓰는 일을 직업으로 하는 사람들이 마감 직전까지 내몰려야 글을 쓰는 마감 중독까지 중독의 종류는 다양했다. 그러면서 현대인은 이 과도한 경쟁과 속도 사회 속에서 중독이 주는 가짜 위로와 일시적 쾌락에 기대어 후회와 갈망의 쳇바퀴를 돌고 있다고 했다. 기억이 자세한지는 모르겠지만,

뇌의 전두엽에 자극적이고 쾌락적이며 고통을 잠재울 만한 특정한 기억이 입력되면서 현실의 어려움에 직면할 때 그 기억 속으로 빠져들고 싶어한 데 따른 것이라는 설명이었다. 때문에 대부분의 중독자들이 약하고 여린 심성을 가지고 있고 참된 위로와 진정한 기쁨을 갈망하지만 여의치 않아 번번이 일시적이고 공허한 중독의 사이클을 맴돈다는 것이었다.

어쩌면 교회나 성당에 나와 앉아 있는 이들 중에도 이 같은 상태의 만성 중독자들이 적지 않을 것이다. 이 책의 저자 브래넌 매닝Brennan Manning의 간증에 그토록 많은 사람들이 공감했다는 것 자체가 교회와 세속을 흰옷과 검은 옷처럼 구분 지을 수 없다는 사실을 말해준다. 교회는 사람들이 모여 주일이면 거룩한 척, 아무 문제 없는 척 안부 인사를 나누는 곳이 아니다. 깨어지고 아픈 상처를 서로 내보이고 서로 위해서 기도하고 싸매주는 곳이다. 어쩌면 자신의 추한 삶을 드러내기를 마다하지 않은 저자의 생각 또한 마찬가지인 것이다. 그렇게 함으로써 그는 하나님의 선하심과 위대하심과 용서하심과 사랑하심과 자비하심을 증명했다.

어쩌면 사람들이 이런 반어적 간증에 은혜를 받는 것도 "이렇게 해서 이겼다"는 간증은 무수히 들었지만 "이렇게 했는데도 또 졌다. 그리고 또 지고 또 넘어졌는데도 내 아버지는 그 손을 잡아 나를 일으켜 주시고 품에 안아주셨다"는 고백에 공감하기 때문일 것이다. 그의 고백과 간증을 들으며 새삼 덮어두었던 자신의 실수와 언약과 죄악이 생각났을 터이고, 저자와 마찬가지로 자신들 역시 "그럼에도 불구하고" 안아주신 하나님 아버지에 대한 감사와 감격을 느꼈기 때문일 것이다.

백발노인이 되어 브래넌은 자신의 생애를 회고한다. 그는 이 회고를 통해 하나님의 용서와 구원, 그리고 은혜의 확실성을 드러낸다. 즉 내가 얼마나 나쁜지가 아니라 그분이 얼마나 선하신지를 증언한 것이다. 그는 자신이 딱히 이룬 것도 한 일도 없이 슬그머니 일생을 헌신한 사람들의 대오에 끼어들어 '아버지 집으로 가는 길'에 합류했다고 고백한다. 오후 5시가 다 되어 술 냄새를 풍기며 품삯을 기다리고 있는 종일 일한 일꾼들 사이에 끼어들었다고 고백한다. 그러면서 이 모든 뻔뻔한 행각이 가능했던 것은 자신이 경험적으로 아버지의 한량없는 은혜를 알고 있고 믿고 있기 때문이라고 했다.

> 내 인생은 천박한 은혜에 대한 증언이다. 불쾌하기도 하고 놀랍기도 한 은혜다. 하루 종일 아주 열심히 일한 사람이나 5시 10분 전 술에 취해 씩 웃으며 나타나는 사람에게 같은 임금을 주는 은혜다. 긴 옷을 치켜들고 죄의 악취가 풍기는 탕자를 향해 정신없이 달려가서 그를 새 옷으로 감싸고 '만약에, 그래도, 하지만' 이런 것 없이 무조건 잔치를 열기로 하는 은혜다. 죽어가는 강도나 '나를 기억하소서'라고 간청하는 말에 충혈된 눈을 치켜뜨고 '당연하지!'라고 확신시켜주는 은혜다. 그분은 하늘을 위해서가 아니라 우리를 위해서, 당신과 나를 위해서

누가 바람을 보았다 하는가. 오직 모른 채 그곳을 바라보며 갈 뿐.

아버지의 곁을 떠나 오셨다. 이 천박한 은혜는 무분별한 연민이다. 우리에게 아무것도 요구하지 않는다. 그것은 값싼 것이 아니다. 아예 공짜다. 그래서 정통파에게는 늘 미끄러지는 바나나 껍질일 것이고 어른의 감성에는 동화 같은 이야기일 것이다. 은혜가 덮어줄 수 없는 무엇이나 혹은 누군가를 찾으려고 아무리 있는 힘을 다해 헉헉거려도, 그 은혜로 충분하다. 은혜만으로 충분하다. 그분으로 충분하다. 예수님으로 충분하다.

그렇다. 넘어짐도 은혜다. 수없이 많이 넘어지고 피투성이로 깨어짐도 은혜다. 그리스도의 용서와 사랑이 있는 한 은혜 아닌 것이 없다. 그분이 계시는 한 모든 것이 은혜다. 은혜는 우리뿐이 아니라 우리임에도 불구하고 계속해서 흘러오는 것이다. 그렇다. 내 죄는 결코 하나님의 그 사랑을 능가하지 못한다. 탕자는 결코 아버지를 넘어서지 못하는 것이다. 그래서 내가 행한 선한 일로 평가받는 것이 아니라 내가 받는 아버지의 은혜로 평가받을 일이다. 어떤 면에서는 안 넘어졌다는 간증보다도 넘어지고 넘어졌으되 하나님의 은혜로 그때마다 어떻게 일어섰는지가 더욱 은혜로운 간증일 수 있을 것이다. 저자의 간증 집회 때마다 사람들이 몰려든 것도 그 때문이었을 것이다. 이 책을 통해 내가 받은 은혜 또한 실로 컸다. 나 또한 무수하게 넘어지고 그 넘어진 자리에서 일어서기를 거듭했기 때문이다. 낙심과 회오悔悟로 터벅터벅 힘겹게 걷기를 거듭했기 때문이다. 이래저래 모든 것이 은혜다.

아버지 집으로

집으로 돌아가는 길

군대 생활 34개월 17일 동안 늘 머릿속을 맴도는 생각은 '집으로 가는 일'이었다. 정훈장교는 우리를 모아놓고 애국, 국방 같은 이야기로 열변을 토했지만 미안하게도 그런 말은 귓가에 맴돌다 사라질 뿐이었다. 휴가를 받아 집에 가게 될 때면 설렘 때문에 그 전날 밤을 꼬박 새우기 일쑤였다. 그렇게 해서 집으로 가면 어머니는 언제나 대문간에 나와 서 계시곤 했다. 부대를 나오면서 미리 집에 전화를 해둔 까닭이었다. 날이 저물어도 내가 도착할 때까지 그 자리를 떠나지 않으셨다. 군복 입은 내 모습을 보시곤 왈칵 반가움에 얼굴이 환해지던 그 모습을 잊을 수 없다. 하지만 어머니가 떠나신 후로는 그 그리운 집도 멀어지고 말았다. 그러고 보면 그곳은 진짜 고향 집이 아니었던 것일까.

저명한 영성 학자이자 교수이고 문필가이며 성직자이기도 했던 헨리 나우웬Henri Nouwen. 그의 마흔 권에 달하는 저서는 고향 집에 관한 것, 그리고 그 집으로 가는 길에 관한 것이 대부분이라 해도 과언이 아닐 것이다. 비단 그뿐만이 아니다. 금세기 최고의 명저 가운데 하나로 꼽히는《아직도 가야 할 길》의 모건 스콧 펙 박사도 한 책의 주인공의 입을 빌려 "이 지구는 내 진짜 고향이 아니라는 뿌리 깊은 생각이 있었다"고 고백하며 마음 한구석에 늘 돌아가야 할 진짜 고향이 우주 어딘가에 존재한다는 생각을 가져왔다고 말한 바 있다. 진짜 고향. 기독교에서는 그것을 본향本鄕, 즉 원래의 고향이라고 부른다.

이 책은 그리운 그 고향 집으로 돌아가는 여정에 관한 수상록이다. 저자 자신이 드높은 명성에도 불구하고 사실은 실향민적 아픔과 외로움에 시달리고 있었음을 먼저 고백한다. 예를 들면 생애 가장 빛나던 하버드대 교수 시절 한때가 사실은 생애 중 가장 불행했었노라고 고백할 정도다. 그가 교수직을 버리고 장애우들의 공동체인 라르시 마을로 들어간 것도 어쩌면 고향 찾기를 위한 서성임 같은 것이 아닐까 생각한다.

이 책은 렘브란트Rembrandt Harmenszoon van Rijn의 그림 〈탕자의 귀환〉으로 이야기를 시작하고 그 그림 이야기로 끝을 맺는다. 〈탕자의 귀환〉은 성경에 나오는 너무도 유명한 탕자의 비유를 화가가 그림으로 표현한 것이다. 그런데 작품 〈탕자의 귀환〉은 렘브란트가 소위 잘나가던 시절에 그린 것이 아니다. 엄청난 상실과 쓰라린 아픔을 겪은

후의 만년 작품이다. 여러 명의 자식과 두 아내가 자기보다 먼저 세상을 떠나는 것을 지켜보아야 했을 뿐더러 전 재산을 잃고 명예와 인기까지 추락한 다음에 그린 것이다. 예컨대 인생의 온갖 상실과 아픔을 경험한 뒤에, 늙은 아버지의 따뜻한 눈길로 만든 작품이다.

저자는 직접 그림이 걸린 러시아의 에르미타주 미술관을 찾아가 무려 사흘 동안 그림 앞에 의자를 두고 앉아 몇 시간씩이나 보았노라고 썼다. 그는 아버지 하나님뿐 아니라 어머니 하나님의 관점에서 그림을 묵상했고, 둘째 아들과 첫째 아들의 관점을 번갈아가며 묵상했다. 그러면서 자신이 '큰아들과科'에 속한 문제아임을 자각한다. 자신 안에 남들이 자신과 동등해지는 기미만 있어도 불안해지는 오만과 독선, 그리고 두려움의 실체가 있음을 들여다보게 된 것이다.

나우웬이 처음 라르시 공동체를 찾아갔을 때의 일화 한 토막. 한 남자가 묻는다. "누구세요?" 나우웬은 설마 나를 모르랴 싶어 하버드대 교수 아무개라고 자신을 설명한다. 그러자 남자가 다시 묻는다. "하버드? 그게 뭐예요?" 나우웬이 사람들이 가장 가고 싶어 하는 좋은 대학이라고 설명하자 남자는 다시 맑은 눈으로 묻는다. "사람들이 왜 거기에 가고 싶어 하죠?" 남자가 어린아이처럼 천진하게 "누구세요?" 하고 물었을 때 이미 그는 내면으로부터 쌓아올려진 성 하나가 소리 없이 무너지는 것을 체험한다.

그는 그 장애우 공동체에 있는 동안 적어도 교수 시절보다는 훨씬 행복했노라고 고백한다. 어쩌면 그곳이 대학보다 고향에 더 가까웠기 때문이리라. 집으로 돌아가는 길은 둘째 아들이 그리운 아버지의 집으로 돌아가는 길을 적고 있을 뿐 아니라 아버지의 집에 있던 큰아들 역시 진정한 아버지의 집으로 다시 돌아가야 하는 것임을 적고 있다. 그러고 보면 나야말로 '큰아들과'와 '작은아들과'에 고루 속하는, 아버지의 사랑밖에는 집으로 돌아갈 방법이 없는 탕자 중의 탕자임을 이 책은 지적한다.

날아오르라,
기쁨으로

기쁨의 날개

스리 친모이Sri Chinmoy는 하루 14시간씩 20여 년간이나 영적 수련을 계속해온 영적 거장이다. 그는 작가이자 음악가이기도 한데, 세계 도처의 250여 개 친모이 센터를 통해 심오한 내적 체험과 영적 각성을 전해주고 있다. 특히 그는 내적 평화와 함께 '기쁨'을 강조한다.

그는 오랜 깨달음 수련의 뒤 끝에 마알간 앙금처럼 가라앉은 메시지를 간결하고 쉬운 문체로 전해준다. "불꽃 같은 기도, 바다 같은 명상"에서 그는 둘의 관계를 이렇게 설명한다.

기도와 명상에는 다음과 같은 차이가 있습니다. 기도를 할 때는 우리의 존재가 불꽃처럼 하늘을 향해 솟구치는 느낌입니다. 기도는 위로 치솟아

신에게로 도달하려는 특성을 지닙니다. 명상을 할 경우, 우리는 광대하고 무한한 평화와 축복의 바다에 스스로를 잠기게 합니다. 또는 그 무한 광대한 바다가 우리에게 스며드는 느낌을 가지게 되기도 합니다. 기도와 명상은 동전의 양면과 같습니다. 둘 다 대단히 효율적입니다.

기도할 때 나는 이야기하고 신은 듣습니다. 명상할 때 신은 말씀하시고 나는 듣습니다. 기도할 때 우리는 신에게로 접근해 가는 것이며 명상할 때 신은 우리에게로 내려오십니다. 궁극적으로는 마찬가지이지요.

서점가에서 유난히 '내려놓기', '버리기' 유의 책이 눈에 많이 뜨인다. 너나없이 삶의 무게가 버겁다는 뜻이리라. 이런 책들은 삼사십대 연령층에서 특히 호응이 높다. 삶의 짐을 많이 지고 안개 같은 길을 헤쳐 나가야 되는 시기이기 때문이다. 그런 면에서 명상과 기도는 하나의 출구가 될 것이다. 다만, 명상이 인격적 존재 혹은 그 어떤 초월자에게 집중한다는 느낌보다는 보다 더 자아와 관련된다는 점에서 기도와는 다르다 할 것이다. 어쨌거나 그는 기도나 명상을 통해 내적 평화와 은은한 기쁨의 상태에 이르기를 강조했고, 이것이 폭넓은 대중적 호응을 얻게 된 것이다. 그는 기쁨으로 가는 길에 복병처럼 가장 큰 방해가 되는 것이 '근심'이라고 했다. "근심함으로 그 키를 한 자라도 자랄 수 있게 하겠느냐"는 성경의 말씀을 떠올리게 하는 대목이다.

근심을 비켜 가는 방법에 대해 그는 신의 사랑을 언급한다. 물론 그가 말하는 신은 기독교의 하나님과는 다소 차이가 있기는 하지만, 그의 신이 인간의 생사화복生死禍福을 주장하는 절대자라는 점에서는 마찬가지다.

당신이 영성, 신성, 그리고 실재를 인식하기 이전에 신은 당신에게 생명을 주셨습니다. 신은 당신에게 신성의 메시지를 주셨습니다. 당신이 신에게 요청하기 이전에 신께서는 이미 많은 것을 주셨습니다. 이 모든 것들이 당신의 영혼을 통하여 당신에게 주어진 것입니다.
누가 당신의 영혼을 창조하셨습니까?
신입니다.
당신의 영혼을 통하여 당신을 충족케 하시려는 분은 누구입니까?
역시 신입니다.
이러한 사실을 깨닫게 된다면 신의 섭리에 대한 의심은 사라져버릴 것입니다. 신께서는 자신을 충족시키고 이 세상에 자신을 드러내시는 일에 관심이 있습니다. 당신이 진실로 신을 열망하며 살 때 신께서는 보다 쉽게 당신을 통해 자신을 충족시키고 드러낼 수 있는 것입니다.
당신이 순수한 열망을 신께 바치며 또 신께 한 걸음 다가갈 때, 신께서는 99걸음 성큼 당신 앞으로 다가오십니다.
당신은 당신이 할 수 있는 것을 신께 드리십시오. 신께서는 자신이 가지고 있는 것을 줄 뿐만 아니라, 그의 존재 자체를 우리에게 주십니다. 그가 가지고 있는 것은 무한한 자비이며, 그의 본질은 영원한 빛입니다.

이쯤 되면 저명한 신학자의 이론과 비견할 만하지 않은가.

이 영성 가득한 진술들을 거의 자생적인 것으로 보이지만, 동시에 학문적으로 검증된 보편성에 도달할 만한 것으로 느껴지는 것도 사실이다. '신과 나'의 관계에 있어서도 우리는 그분의 자녀이지 노예가 아니라고 정의한다. 못나고 말썽꾸러기이며 똑같은 잘못을 거듭거듭 되풀이해도 자녀는 자녀이지 노예가 아니다. '믿음'은 내가 그분의 자녀라는 사실을 인식하는 데서부터 출발한다.

당신은 신의 노예가 아니라 자녀입니다. 신을 당신의 아버지로 생각하고 따른다면 당신은 다음과 같이 주장할 수 있습니다. "저의 아버지는 부유합니다. 저의 아버지는 위대하며 친절하십니다. 그는 저에게 지니고 있는 기업을 물려주실 것입니다." 이야말로 자녀로서 지닐 수 있는 자연스러운 느낌이라 할 수 있겠지요.
이와는 달리 신을 주인으로 당신 자신을 노예로 취급한다면 어떻게 올바른 믿음을 지닐 수 있겠습니까? 노예는 이렇게 생각할 수밖에 없습니다. '그는 오늘까지는 나의 주인이지만 어쩌면 내일 나를 쫓아낼지도 몰라.'
노예는 자기 주인의 재산이나 기업을 이어받을 권리도 없고 엄두도 내지 못합니다. 그러나 자녀는 가능합니다.

성경의 '돌아온 탕자'를 연상시키는 대목이다. 그렇다. 아들이냐 노예냐에 따라 그분과 나의 관계는 설정되는 것이다. 이 '아버지와 자녀'의 관계에 대한 믿음이 확고하면 두려움은 개입하지 않는다. "사랑 안에 두려움이 없고 온전한 사랑이 두려움을 내쫓"(요한일서 4장 18절)는 상태가 되는 것이다.

두려움이 생기는 데에는 여러 이유가 있습니다. 그러나 무엇보다 중요한 이유는 분리된 느낌입니다. 당신이 아무리 힘이 세고 강하다고 할지라도 나와 당신이 매우 가까운 사람이라고 느껴질 때 나는 당신에 대해 두려움을 느끼지는 않을 것입니다.

아이는 아빠가 힘이 세다고 해도 이에 대해 두려움을 느끼지 않습니다. 아빠는 키가 6피트(180센티미터)나 되고 힘이 세며 건장합니다. 다른 아이들은 이 아빠에 대해 두려움을 느낄지 모르나 이 아이는 아빠와 함께 놀고 싶어 하지요.

아빠가 아무리 힘이 세다 하더라도 아이는 자신의 아빠에 대해 전혀 두려움을 가지지 않습니다. 왜 그럴까요? 아이와 아빠 사이에는 내적인 일체감이 이루어져 있기 때문입니다. 아이는 아빠의 힘을 자신의 힘으로 생각합니다.

마지막으로 친모이는 끝없이 믿음의 씨앗을 뿌리라고 권유한다. 쉼없이 일어나는 의심의 파도에도 불구하고 엉겅퀴와 가시와 자갈의 척박한 땅이라 할지라도 뿌리고 또 뿌리면 씨는 싹을 틔우게 될 것이라고 말한다. 한번 싹이 터오르면 금세 자라 거대한 나무가 될 것이라고 말한다. 이 역시 성경의 저 '씨 뿌림의 비유'와 하나로 겹쳐진다.

저자는 날마다 기쁨의 날개를 달고 햇빛 쏟아지는 창공을 향해 날아오르기를 권유한다. 저자에게는 인생 매 순간의 '기쁨'이야말로 절대로 양보할 수 없는 지고의 가치인 것이다. 살되 기쁨으로 산다는 것, 이것이 삶의 최종 명제인 것이다. 이 험한 세상에 어떻게 그 '기쁨의 평정심'을 유지할 수 있을까.

상황을 넘어서는 고요한 기쁨은 어떻게 창출될 수 있는가. 나의 삶이, 매 순간의 맥박이, 호흡이 크고 위대한, 그러면서도 한없이 따뜻하고 전능한 그 어떤 존재와 연결되어 있어야 가능하다. 그리하여 그는 절대로 일상에서 기쁨을 양보하지 말라고 권유한다. 기쁨을 삶의 최종 진지처럼 사수하라고 이르는 것이다.

저명한 의사 리사 랭킨Lissa Rankin의 《치유혁명》에 보면 방사선 치료를 받는 중에 암이 감쪽같이 사라진 여인의 이야기가 나온다. 그런데 의사는 뒤늦게 방사선 기계가 고장 났다는 것을 발견한다. 그 여인은 실제로 방사선을 한 줄기도 쏘이지 않았지만 쏘였다고 믿었고, 실제로 병은 나았다.

1980년대 초, 나는 세검정 가는 마루턱의 부암동 산자락 단독주택에 신혼살림을 풀었다. 마흔 개가 넘는 돌계단 끝자락에 자리한 작고 아담한 주택이었다. 파란 잔디 마당에 가을이면 빨간 홍시가 주렁주렁 달리는 집이었다. 내가 세상에 나와 자력으로 마련한 집. 그 부암동 옛집은 지금도 예쁜 카드 한 장처럼 떠오르곤 한다.

어느 날 그 집을 수리하러 왔던 인부 한 분의 이야기다. 그분은 어렸을 적 부친과 함께 남쪽으로 왔는데, 부친도 그렇고 본인도 그렇고 평생 공사판을 떠돌며 막일을 하고 지냈다. 부친이 나이 들어 더 일하기 어려워지자 그이는 귀가할 때 부친을 위해 돼지고기 반 근과 소주를 사 가지고 가곤 했다. 늙은 부친이 유난히 볶은 돼지고기에 소주 마시는 것을 좋아했기 때문이었다. 그런데 어느 날 병원에 갔더니 부친이 치주암이라고 했다. 더 이상 소주와 돼지고기는 안 된다고 의사는 아들을 불러 신신당부하더라는 것이다. 돌아와 고민 끝에 그 사실을 부친께 고했더니 픽 웃더라는 것이었다. 그러면서 하는 말이 "애비가 돼지고기에 소주 한 잔 하는 것이 그렇게도 아깝더냐"였다. 할 만한 거짓말을 하라고, 세상에 잇몸 아파 죽은 놈은 본 적이 없다고 하더라는 것이었다. 아들은 에라 모르겠다, 좋아하시는 것이나 드시고 가시게 하자고 계속 돼지고기와 소주를 사다드렸다. 그런데 놀랍게도 얼마 후 병원에 갔더니 암이 사라지고 없더라는 것. 인부 아저씨 왈, 무슨 일이 있어도 잇몸 아파 죽지는 않는다는 철석같은 믿음 때문에 그렇게 된 것 같다는 것이었다.

우중충하고 우울하고 고통과 슬픔으로 가득한 것 같아 보이는 현실일지라도 날마다 수련을 하고 훈련을 하여 기쁨으로 날아오르기를 권한다. 그것이 바로 참다운 삶이기 때문이다.

늙은 농부의 생명 찬가

온 삶을 먹다

과잉생산과 무한경쟁, 그리고 소외와 탈진의 시대에 자발적 가난으로 정신의 풍요를, 느림으로 속도를 이긴 사람이 있다. 웬델 베리. 이 숲속의 현인賢人은 시대의 흐름에 역주행하면서 물살을 거슬러 올라온 연어처럼 생명 찬가를 부르고 있다.

웬델 베리의 글에는 '예언자적'이라는 수식이 흔히 붙는데(그는 지난 40여 년 동안 우리 생활양식의 과오가 어떤 결말로 이어질지를 정확히 보여주는 작업을 해왔다), 그 까닭은 그의 글이 분노에 떨며 외치거나 노려보는 법이 없기 때문이다. 그의 글은 언제나 절제되고 논리적이며 반듯하고 섬세하다. 마치 잘 다듬어진 목공예품 같다.

미국의 저술가 마이클 폴란Michael Pollan이 쓴 웬델 베리에 대한 글의 한 구절이다.

"컴퓨터를 사용하는 것이 혁신이라면 그것을 사용하지 않는 것은 더더욱 혁신"이라고 했던 웬델 베리는 미국의 농업 사상가다. 그는 "소로 이후에 웬델 베리가 있다"고 말해질 정도로 농본적 이상 사회의 이론가이자 실천가였다. 5대 이상 농사를 지어온 집안에서 태어나 교수와 저술가로 살면서 동시에 15만 평의 농장에서 직접 농사를 지어왔다. 40여 년 동안 한곳에 살면서 수십여 권의 저서를 낸 그는 농사짓듯 글을 쓰고 글을 쓰듯 농사를 지은 지식 농사꾼으로 유명하다. 웬델 베리의 농업에 대한 사상이나 이론이 공허하지 않은 것은 바로 그가 농사꾼 자체라는 데에 그 이유가 있다.

> 1950년쯤 어느 여름날 아침을 나는 잘 기억하고 있다. 그 무렵 나는 집에 막 들어온 트랙터로 풀을 베던 중이었는데, 아버지가 예초기와 노새 한 팀을 가진 사람을 고용해 함께 밭으로 보냈다. 그 기억은 나라는 사람의 정신과 인생사에서 하나의 랜드마크와 같다. 나는 노새 팀이 대변하는 농사 방식을 쓰던 시대에 태어났고, 그게 참 좋았다. 나는 노새가 훌륭한 가축임을 잘 알고 있었다. 녀석들은 나보다 좀 느린 정도의 속도로 우아하게 걸었다. 그런데 이제 나는 갑자기 트랙터 위에 올라앉아 녀석들을 내려다보는 입장이 되었고, 녀석들의 느린 걸음을 몹시 못마땅하게 여기고 있었던 것이다.

노새들의 느린 걸음을 보고 내가 속을 태운 것은 다분히 상징성을 띤 감성이었다. 나는 기계와 생명의 경쟁을 목격하고 있었고, 그 승자는 기계일 수밖에 없음을 알았을 것이다.

어린 시절 보았던 노새와 트렉터의 풍경은 이 사상가의 자연과 문명에 대한 사유의 근간이 되었다. 이 한 장의 풍경화는 결국 그가 기계의 도입과 거대한 산업 농업으로 전통적 농촌은 몰락하고 금융과 경제 농업이 발전하면서 장차 생태의 위기와 생명의 예속이 가속화되리라고 진단한 단초가 된다.

농부가 소외되고 농부의 생각이 배제된 농사. 그것은 이미 농사가 아닐 것이다. 땅의 이치 아닌 도시의 논리로 지어지는 대량 생산 체제의 농사는 농사의 이름을 빌린 산업의 일종일 뿐인 것이다. 뿐만 아니라 점점 특화되는 생산과 특화되는 농업 소비의 알레고리는 연예·오락 산업처럼 점점 더 산업적 전문 공급업자들에 의존하게 된다. 대안은 무엇일까. '가족농'이다. 한 가족이 농사지을 수 있는 범위의 생산이고 소비다. 다른 말로 바꿔 말하면, 우리의 재래적 '텃밭농'이라고 할 수 있다. 어머니인 대지가 햇빛과 빗물로 키운 채소와 과일을 직접 가꾸고 거둬 먹는 일이다. 이윤을 추구하는 여러 사람의 '손'을 거치지 않고 자기 손으로 따서 자기가 요리해 먹는 농사다. 웬델 베리는 이것만이, 그리고 여기까지가 농사라고 보았다. 노새가 밭이랑을 갈 수 있을 정도의 농사가 참농사이고, 그 일을 하는 사람이 농부인 것이다. 대량 농업이 아닌 이런 식의 소규모 농업과 영농조합농업, 그리고 가족 농업과 텃밭 농업만이 하나의 출구가 될 수 있음을 그는 책의 곳곳에서 적시하고 있다.

따라서 이 농업 혁명가의 담론은 결국 텃밭으로 돌아오는 일이 된다. 그 이름마저 멀고 아득한, 그래서 더 그리운 텃밭. 우리가 버리고 떠나온 그 텃밭, 텃밭 농사로 돌아가자는 것이 그의 외침이다. 그러려면 농촌의 도시화는 이제 도시의 농촌화로 바뀌어가야 될 것이다. 아파트 단지에 채소밭이 있어야 하고, 빌딩 옆에 사과밭이 있어야 할 것이다. 가능할까. 그러나 생각만으로도 가슴이 설레 온다. 어쨌거나 그는 실천했다. 스스로 자신과 가족이 먹을 채소를 길렀고, 밤이면 농사를 짓듯 글을 썼다. 어쨌거나 그 같은 농업 선각자와 농업사상가들로 인해 서구의 대량 농업과 산업 농업은 날로 그 부작용과 위험성이 드러나고 있다. 예컨대 생산지와 소비지의 거리가 짧으면 짧을수록 좋을 것이고, 가장 좋기는 생산자가 소비자 자신이거나 그 가까운 이웃일 때라는 그의 사상은 지금 조용히 번져 나가고 있다. 그야말로 깃발도 함성도 없이 진행되어 온 1인 혁명의 승리가 아닐 수 없다.

나는 가리라,
그 아름다운 곳으로

나는 천국을 보았다

반평생을 서울대에 재직하면서 가끔 씁쓸하면서도 재미있는 풍경을 볼 때가 있다. 노란 원복을 입은 유치원생들을 몰고 교사와 학부모가 함께 학교에 오는 모습이다. 학교의 모습을 마음에 심어주기 위해서라는 것을 나중에 알았다. 심지어 중학생 나이 정도의 아이를 데리고 와서 "여기야. 알겠지? 여길 꼭 와야 돼"라며 당부하는 엄마도 있다. 서울대를 각인시켜 그 이미지를 마음에 품게 하려는 것이리라. 그런데 우리가 그토록 자주 말하는 우리의 본향, 천국에 대해서는 아는 바가 별로 없다.

그러다 보니 왕왕 천국을 말하면서도 그 실재에 대해서는 확신을 못 한다. 심지어 평생 교회에 다닌 사람도 죽음에 임박해서는 의심과 두려움에 시달린다. 63빌딩이나 경복궁이 현존이듯이 천국이 현존이라면 지상의 사람들은 왜 그 현존을 그토록 미약하게 믿는 것일까. 그것은 구체적이고 생생한 이미지를 갖지 못하는 까닭이다. 그리고 현존을 믿음으로 강화시킬 만한 전달이나 통로가 부족하기 때문이다. 아니, 있다 해도 공감을 불러일으킬 만큼 적재적소에 가장 적절한 언어로 쓰이지 못하고 있기 때문이다.

천국에 대해 쓰인 허다한 책들이 과연 읽는 이들에게 천국의 실재에 대한 확신이나 경외, 찬탄이나 열망을 갖게 하기에 충분할까. 그리고 그 결과로 지상의 삶이 변화의 동력을 갖게 되었을까. 나이아가라 폭포나 에펠탑을 보고 온 사람이 사진을 찍어 보여줌으로써 불러일으키는 "가보고 싶다"는 열망을 천국을 소개한 책들이 동일하게 불러일으키고 있는가. 대답은 '아니오'에 가까울 것 같다. 물론 그런 책이나 책 이상의 어떤 매체가 있다 해도 자율의지를 동원해 읽거나 보고 들으려 하지 않는다면 역시 천국에 대한 열망 또한 일어나기 어려울 것이고말고다.

두 번째 이유는 상상력과 비전이 약해서일 것이다. 사람의 상상은 본 것에 기초해 일어난다. 병아리 떼 같은 아이들을 데리고 서울대에 견학 오는 것도 그 때문일 것이고말고다. 보지도 경험하지도 못했는데 구체적이고 생생한 그 어떤 사물이나 상황을 상상해내기는 어렵다. 따라서 열망이나 비전 또한 생겨나기 어렵다. 더구나 천국은 차원이 달라져버리는 세계다. 시간의 구속을 받지 않고 육체의 제한에 갇히지 않는 곳이다. 동시에 몇 가지 차원이 경험되고 인식되며 생각의 속도로 이동 가능한 세계다. 이 신비한 영적 차원의 현존을 육적 차원과 물리학의 세계에 있는 우리가 생생하게 바라보고 열망하기는 쉽지 않다. 말하자면 자궁 속 아이가 지각을 가지고 있는 생명체이지만 자궁 밖의 세계를 상상해내기 어려운 것과 같은 이치일 것이다. 언어로 표현하기는 더더욱 어렵다.

바로 그런 이유 때문에 예수 그리스도께서는 '믿음'을 그토록이나 강조하셨을 것이다. 보고 만져본 다음에 확인되는 실재란 육적 차원의 실재이기 때문에 이런 초보적 감각 세계와 다른 영적 실재로서의 천국을 향한 소망과 열망이란 '믿음'의 통로로 접근할 수밖에 없기 때문이다. 성경 외에 다른 보조적 읽을거리나 시각 자료의 도움을 거의 받아보지 못한 내 어머니가 천국에 대한 확신과 열망이 그토록 강했던 것도 바로 그 강한 '믿음' 때문이었을 것이다.

그러나 내 어머니의 경우처럼 안 봐도 확실하게 믿어져버리는 경우를 제외한다면 천국을 전하는 미디어는 여전히 중요하다. 책이건 설교건 시각 자료건 생생하고 분명하게 전달할수록 받는 쪽에서는 열망도 따라서 일어날 것이기 때문이다. 특히나 그토록 많은 교회에서 그토록 많이 쏟아져 나오는 천국 설교들에도 불구하고 그토록 많은 기독교인들이 천국의 실재를 긴가민가하거나 흐리멍덩하게 믿는 것은 물론 개인 믿음의 문제일 수도 있지만 천국 메시지 자체가 긴가민가하거나 흐리멍덩해서일 수도 있다.

천국에 가는 것은 중요하다. 중요해도 너무나 중요하다. 그러기 위해서는 말할 것도 없이 천국에 대한 비전을 가져야 한다. 그 비전이

24시간, 아니 일생 동안 가동되어 우리 삶을 끌고 가야 한다. 비전은 상상력에 기초해 일어난다. 천국에 대한 구체적이고 생생한 상상은 그래서 중요하다.

어찌 보면 인생은 상상력 싸움이기도 하다. 이를 알기에 악한 영은 온갖 매체를 동원해 우리와 우리 자손들의 상상력을 끌어당긴다. 살의와 적개심과 음란과 분노, 절망과 낙심과 자살 충동을 부추기는 상상력을 불어넣는다. TV 화면에 십자가 문장으로 덮인 집사 아무개의 관, 특히 당사자가 자살한 경우를 볼 때마다 나는 아, 싫어진다. 이 시대에는 진실로 상상력 강화 훈련이 필요하다. 죽음의 유혹과 절망감을 이겨낼 훈련, 이길 뿐 아니라 천국에 대한 열망으로 연결되고 승화되는 훈련이 필요하다.

그런 면에서 이 책은 드물게 천국에 대한 비전과 상상력을 불러일으키는 책이다. 눈앞에 펼쳐지듯 생생하게 천국의 현존을 보여준다. 저자가 의사라는 직업을 가져서일까. 그 다른 차원의 낯선 체험들을 적재적소의 어휘들을 동원해 구체적으로 그려내고 있다. 천국에 대한 긴가민가한 설교 수십 편을 당해낼 만큼 힘 있는 설득력과 구체성을 가진 책이다.

나무들, 들판, 시냇물, 폭포. 여기저기에 사람들이 보였다. 웃고 노는 아이들도 있었다. 사람들은 둥글게 모여서 노래를 하고 춤을 췄고, 그들만큼이나 즐거워 보이는 개가 깡충깡충 뛰어다녔다. 그들은 단순하면서도 아름다운 옷을 입고 있었는데, 주변에 만발한 꽃과 나무들이 지닌 따뜻한 생명력이 옷 색깔에서도 똑같이 느껴지는 듯했다.

믿을 수 없을 만큼 아름다운 꿈의 세상……. 그런데 꿈이 아니었다. 나는 내가 어디에 있는지, 심지어 내가 무엇인지도 몰랐지만 한 가지만은 확실했다. 내가 갑자기 놓인 이곳은 실제 현실이었다.

실제라는 단어는 의미가 다소 추상적이어서 내가 묘사하고자 하는 것을 전달하는데 정말 너무나 쓸모가 없다. 어린아이가 되어 어느 여름날 극장에 갔다고 상상해보자. 영화가 훌륭해서 앉아 있는 동안 어쩌면 재미있었을 것이다. 하지만 영화가 끝난 후에 극장 밖으로 나왔더니 한여름의 강렬하고 생기 넘치는 따뜻한 오후가 맞이하고 있다. 이런 공기와 햇살을 느끼는 순간, 도대체 왜 어두운 극장 속에서 이렇게 멋진 날씨를 낭비했는지 안타까워하게 될 것이다.

이 느낌을 천 배로 증폭시킨다 해도 그때의 내 심정에는 조금도 미치지 못할 것이다.

더 참되고 더 순수하며 모든 것을 포괄한 듯한, 그 현존. 모든 것이 지상과 비슷하긴 한데 훨씬 좋은 그곳. 저자는 신비하고 놀라운 어휘력과 지성을 동원해 그곳을 그려낸다.

거룩한 성가처럼 거대하게 울리는 소리가 위쪽에서 들려왔다. 나는 혹시 날개 달린 존재들이 내는 소리인가 싶었다. 나중에 든 생각인데, 이 존재들은 높이 날아오를 때 느끼는 희열이 무척이나 큰 나머지 이런 소리를 낼 수밖에 없었던 게 아니었을까? 그 사운드는 거의 물리적으로 만져지는 것만 같았다. 마치 내리는 비를 피부로 느낄 수는 있어도 그 비가 나를 젖게 하지는 않는, 그런 느낌이었다.

그곳에서는 보는 작용과 듣는 작용이 별개로 분리되어 있지 않았다. 나는 저 위에 있는 재기 넘치는 존재들의 아름다운 은빛 몸을 들을 수 있었고, 희열의 극치로 물결치는 그들의 노래를 볼 수 있었다. 그 세계에서는 무언가를 보거나 들을 때 이미 그것의 일부가 된 채로, 어떤 신비로운 방식으로 그것과 하나가 되어 보고 듣는 것 같았다.

그러고 보면 천국의 차원을 글로 설명하려면 총체적 지식과 지성이 망라되어야 할 것 같다. 다행스럽게도 저자는 거기에 근접하고 있다.

이 빛은 내 가까이에 있는 것 같은, 황홀하도록 눈부신 구체에서 오는 듯했다. 앞에서 천사 같은 존재들이 불렀던 노래처럼, 구체는 살아 있는 듯하면서도 고체같이 단단하기도 했다.

이상하게도 그때 처한 상황은 자궁 속의 태아가 존재하는 것과 유사했다. 태아는 말없이 영양을 공급해주는 태반과 더불어 자궁 속을 떠다니는데, 태반이 연결해주는 어머니는 사방에 있으면서도 그 모습은 보이지 않는다. 여기서 '어머니'는 하나님, 창조주, 우주 만물을 있게 한 근원에 해당한다.

그의 책을 읽으면서 비로소 나는 절실하게 인간의 몸, 단백질과 수분과 뼈와 기타 몇 가지로 구성된 그 몸 안에 담긴 영혼과 장차 그 영혼이 돌아갈 광대무변한 세계에 대한 자각이 생생하게 다가왔다. 아니, 파도처럼 밀려왔다고 하는 편이 나을 것이다.

저자는 불의의 치명적 사고를 당한 의사로서 기적적 치유를 경험했고 함께 겪은 천국의 생생한 체험이 "잘 짜인 관광 여행" 같았고 영적인 세계에 대한 광범위한 둘러보기였다고 진술한다.

오늘도 강단에서는 구원의 확신을 가져라, 천국을 갈망하라, 하는 외침들이 토해진다. 그러다 보니 억지 확신과 위선적 확신의 고백들도 난무하다. 그러나 천국은 조용히 내부로부터 열망과 열정이 끓어올라야 한다. 그곳에 대한 사무치는 그리움이 있어야 한다. 해가 저물어 공터에서 아이들과 놀 때 "아빠 오셨다! 돌아와라" 하는 소리가 들리면 망설임 없이 공깃돌을 놓고 일어서서 뛰어 들어갔듯, 그런 곳이어야 한다. 가끔은 나를 야단치시기도 하지만 더 많이 칭찬해주고 안아주며 선물을 들고 오시는 그 사랑의 아버지를 맞으러 뛰어가는 곳이어야 한다. 나의 모든 연약을 해결해주시고 필요를 채워주시며 눈의 눈물을 닦아주시는 아버지. 집으로 두근대는 가슴을 안고 뛰어가는 곳이어야 한다.

그 아름답고 사랑이 넘치는 곳,

내가 궁극에 가게 될 곳.

그 천국을

가시가 있어 꽃은 더 아름답다.

이
만
큼
이
나

생생하게 열어 보여준 책이 있어 참으로 다행스럽기 그지없다.

넘어지는 것도
은혜란다

넘어짐의 은혜

가끔 생애를 되돌아보곤 한다. 분명 십자가 쪽을 보며 걷는다고는 했는데 "달려갈 길 달려가기"는커녕 넘어지고 깨어지기의 연속이었음을 알게 될 수 있었던, 온갖 나쁜 해악들을 주렁주렁 달고 어지럽게 비틀거리며 걸어온 발자욱들, 그야말로 "넘어짐"으로 말한다면 나야말로 최고 전문가라 할 수 있을 것 같다.

그런데 "넘어짐의 은혜"란다. 저자 또한 "뼈아픈 넘어짐"의 경험을 가지고 이 책을 썼다고 고백한다. 그가 넘어진 부분은 소위 '은밀한 죄', 성性적 부도덕의 항목이었다.

우리는 분명 역사상 최고의 시간과 최악의 시간을 살고 있다. 성령의 새로운 바람이 불어와 교회를 덮고, 두 배나 되는 기름 부으심이 많은 그리스도인들에게 임하지만, 성경은 또한 우리가 인류 역사상 가장 끔찍한 시기를 이 지구상에서 보내고 있다고 강력하게 말한다.

이 책의 저자는 이 시대가 최악의 시대인 것은 성적인 죄악이 홍수처럼 범람하는 시대이기 때문이라고 본다. '문화'라는 이름으로 도처에 넘쳐나는 음란한 기운들과 성적 유혹의 덫을 무사히 피해가며 몸과 영혼을 순결하게 지켜내기가 얼마나 어려운가 하는 점에서 역사상 전대미문의 최악의 시대라는 것이다.

하나님의 말씀은 하늘나라를 유업으로 받기 위해 음행을 피하라고 하셨고, 그 악한 죄를 마음에도 품지 말라 했거니와, 오늘날 음란한 바람은 눈과 마음을 사로잡으며 크리스천들까지 무시로 이 죄에 걸려 넘어지게 하고 있는 것이 사실이다. 이 책은 신실한 기독교인이자 더구나 여성인 저자 자신이 어떻게 이 죄에 넘어지게 되었고, 어떻게 다시 하나님의 은혜로 회복하게 되었는가의 전 과정을 담고 있다. 일종의 치유 보고서이면서 넘어진 부분부터 넘어지기까지의 과정을 세밀히 짚어간다.

먼저 그녀는 이 시대에 왜 그토록 사탄이 성적인 죄의 유혹으로 믿는 자를 넘어뜨리려 하는지를 분석한다. 그것은 성적인 죄가 하나님과 그분의 자녀 사이에 담을 만들기가 가장 쉽고, 따라서 하나님으로부터 멀어지게 하기에 가장 쉬운 '압도적인' 죄이기 때문이다.

사탄은 성적인 범죄가 가져오는 압도적인 효과를 알고 있다. 우리는 죄를 '등급 매기는' 행위를 거부해야 한다. 어떤 죄든 우리를 목표에서 벗어나게 하고, 거기엔 항시 하나님의 은혜가 필요하기 때문이다. 모든 죄는 그 영원한 결과적인 측면에서 보면 모두 동일하지만, 지상에서 일어나는 결과로 볼 때는 모두 같은 게 아니다. 사탄은 성적인 범죄가 한 개인의 육체에 가져오는 공격력과 효능이 얼마나 지대한지 잘 안다. (…) 그리스도의 영이 믿는 자들의 몸인 성전에 거하시기 때문에, 그리스도인이 성적인 범죄를 저지르게 하는 것은 그리스도를 개인적으로 공격하는 최상의 방법이다. 그 사실 때문에 우리는 승리하려고 더욱 몸부림치게 되는 것이다. 자신의 몸에 짓는 죄들은 우리가 끊임없이 집착하게 하며, 우리 자신이 그 죄를 '저질렀다'는 사실보다는 우리 자신이 죄, 그 '자체'인 것처럼 느끼게 하는 최악의 방법이다.

도둑질은 죄다. 하지만 십만 원을 훔친 다음 마음이 변해서 그냥 쓰레기통에 돈을 던져버리면, 어떤 면에서는 그 '죄'를 내 안에 품지 않고 도망칠 수도 있다. 하지만 성적인 죄를 범한다면, 그 죄를 쓰레기통에 처분하는 것이 훨씬 힘겨워진다. 왜일까? 영적으로 말하자면, 그 죄가 나에게 '달라붙었기' 때문이다. 자신의 몸에 범한 죄는 훨씬 더 강한 내성을 지닌다.

이 '은밀한 죄'에 묶여 시달리는 사람은 교회 안에도 부지기수다. 차마 말할 수 없는 죄, 지독한 중독성으로 끈적하게 달라붙어 있는 이 죄에 교회가 거의 무방비 상태라는 것은 참으로 신기한 현실이다.

사탄은 성적 유혹을 다른 모든 유혹보다 훨씬 더럽게 보이게 만든다. 또한 오랜 기간 그 효과가 지속되도록 부추긴다. 성적 범죄는 사탄의 목표를 성취하는 완벽한 방법인 것이다. 그 중독성은 극도로 강하다. 그 어떤 죄보다도 수치심을 자아내고 유독 끔찍한 결과를 초래한다. 〈고린도전서〉 6장 18~20절은 그 이유를 이렇게 설명한다. "음행을 피하십시오. 사람이 짓는 다른 모든 죄는 자기 몸 밖에 있지만, 음행하는 사람은 자기 몸에다가 죄를 짓는 것입니다. 여러분의 몸은 성령의 전殿입니다. 여러분은 하나님으로부터 성령을 받아서 여러분 안에 모시고 있습니다. 여러분은 여러분이 스스로의 것이 아니라는 것을 알지 못합니까? 하나님께서 값을 치르고 여러분을 사셨습니다. 그러니 여러분의 몸으로 하나님을 영화롭게 하십시오."
《주의 말씀, 내 기도가 되어 Praying God's Word》에서 하나님은 내게 성적인 묶임이 가져오는 강력한 지배력에 대해 언급하라고 하셨다. 견고한 성적性的 요새가 그토록 사탄적인 영향을 강하게 미치는 이유를 연구하면서 하나님이 계시하신 몇 가지 내용을 나누고자 한다.

저자는 이 죄에 대해 박사 논문을 써도 좋을 만큼 다각적 접근과 심층적 연구를 하고 있다. 그리고 이 시점에 잠들어 있는 교회들을 안타까워한다. 저자는 성적 범죄가 도저히 이해할 수 없을 만큼 우후죽순 늘어나는 모습 자체가 바로 우리가 마지막 때에 이르렀다는 사실을 보여주는 증거라고 확신한다.

> 이전에는 한 번도 포르노를 본 적 없는 그리스도인들이 생명을 짓누르는 유혹의 무게에 눌려 숨조차 제대로 쉴 수 없게 되는 일이 우리가 생각하는 이상으로 늘고 있다. 호기심에서, 외로움 때문에, 다시 열정을 얻고 싶어 그렇게 빠졌을 수도 있다. 아니면 실제로는 감히 시도할 수 없기에 머릿속으로 할 방법을 찾느라 그랬을 수도 있다. 참으로 어리석은 생각이다. 그것이 잘못된 생각임은 여러 번 증명되었다. 사탄은 이런 방법으로 엄청난 승리를 거두었다. 처음엔 그저 '딱 한 번만'에 불과했던 것이 결국엔 '딱 한 번만 더'로 바뀌게 된다. 그리고 세 번, 네 번 계속되면서 한때는 순결하게 하나님과 동행했던 그리스도인의 삶 전체가 지독한 중독에 빠져버린다. 삶의 모든 것이 영향을 받는다. 결혼생활, 자녀, 일터, 그리고 사역까지.

한국에서도 소위 '야동'을 보는 일은 죄의 목록에 낄 수조차 없는 흔한 일이 되어버리고 말았다. 심지어 한 원로 배우의 이름을 딴 야동이란 말까지 생겨나 인자한 할아버지조차 아무렇지도 않게 볼 수 있는 것이라는 느낌을 주고 있다. 성경의 표준으로부터 멀리 와도 너무 멀리 와 있는 것이다.

2000년 3월 자 〈온라인 유에스 뉴스Online U.S.News〉에 실린 "돈벌이를 위한 정욕"이란 표지 기사를 보자.

> 데이터모니터 사의 조사 결과에 따르면, 1998년 웹사이트 이용자들이

성인 사이트 접속에 쓴 돈은 970만 달러(약 110억 원)였으며, 이 수치는 2003년까지 30억 달러(약 3조 6000억 원)로 치솟을 것으로 예상된다.

이 기사에는 또한 이 같은 내용도 있었다.

미국의 닷컴화가 거의 다 진행되면서, 이제 음란 사이트는 막대한 규모로 가상공간을 빨아들이고 있다. 넬슨 넷래이팅 사의 조사에 따르면, 2000년 1월, 가정에서 포르노 사이트에 접속한 인터넷 사용자는 1750만 명에 육박하며, 이는 지난 4개월 전과 비교해 40% 증가한 수치다.

'퓨어라이프 미니스트리' 소속 작가 스티브 갤러허Steve Gallagher가 쓴 〈인터넷 포르노로 황폐화된 세상〉이라는 글에는 더욱 심각한 통계 자료가 소개됐다.

비참한 사실은, 포르노에 빠진 비신자들의 비율이나 그리스도인의 비율에 그다지 차이가 없다는 점이다. 목회자들과 평신도 지도자들을 대상으로 〈리더십 매거진〉이 조사한 바에 따르면, 그중 62%가 정기적으로 포르노를 본다고 했다.

저자는 음란죄가 지닌 유혹의 힘은 필설로 다 설명할 수 없을 정도라고 말한다. 우리가 상상하는 것 이상이며, 누구도 여기서 안전하지 않다고, 그리고 이 죄에 포박되면 하나같이 압도적인 무력감을 느끼게 된다고 설명한다. 자신은 이 죄에 중독되어버렸다며, 결코 벗어날 수 없으리라는 좌절감과 낙담이야말로 사탄의 책략 중 하나라고 정의한다. 생각을 타락시키고 짐승 같은 육체적 본성을 불러일으켜 하나님으로부터 버림받았다는 느낌을 갖게 하는 것이야말로 사탄의 책략이고 그의 졸개들인 더러운 귀신들의 일이라는 것이다.

저자는 회복 과정도 임상의처럼 자세히 설명한다. 음란 중독에 빠졌다가 그 이상하고 막강한 영향력에서 발을 빼는 과정은 마치 마약 중독자가 회복되는 과정과 비슷하다고 보고 있다. 형언하기 힘들 만큼 아찔한 최면과 환각 상태 속에 사로잡혀 있다가 그 덫을 빠져나와 깨어나는 것이 비슷하다는 것이다. 끔찍한 '원'을 도는 형태도 비슷하다고 말이다.

"모두 다 보는 건데 뭘", 심지어 "문화의 한 형태인데 뭘" 하면서 본 음란물의 영상은 그러나 우리 대뇌에 입력되면 생각의 진지를 구축하고, 마침내 하나님과 죄의 담을 만들면서 사탄의 노리갯감으로 전락시켜버리는데, 문제는 뾰족한 대책이 없다는 것이다. TV와 인터넷이라는 강력한 전달 수단을 타고 실시간으로 갖가지 유혹물들이 쏟아져 들어오기 때문이다.

그러나, 그럼에도 불구하고 저자는 최후의 승리는 성도의 것이라고 힘주어 말한다. 아무리 오랜 세월 사탄과 그 졸개인 귀신들이 짓밟고 유린하고 농락한다 해도 그리스도의 도우심으로 인해 결국은 믿는 자

모태에서 웅크렸던 모습으로 우리는 어른이 된다. 기적이다.

가 승리하게 되어 있다는 것이다.

우리가 아직 살아 있다면 아직 경기 시간이 남아 있는 거다. 당신은 여전히 그리스도인인가? 그렇다면 당신은 팀에서 쫓겨나지 않았다. 일어나서 다시 싸우라! 하나님은 지옥의 왕국 앞에 분명히 보여주고 싶어 하신다. 당신이 다시 일어나 하나님 앞에 신실하게 서게 될 것을 말이다. 여러분, 반드시 일어나야 한다! 원수의 손에 어떻게 쓰러졌는가는 상관없다. 진실되고 신실하게 그리스도께 헌신했던 이들은 원수의 발밑에 그저 넘어져 있지 않는다. 그들은 하나님의 능력을 구하며 다시 일어선다. 그러면 지옥의 전사들은 힘없이 나가떨어질 것이다. 나는 이 대목이 너무나도 좋다. 놈들에게 갚아줄 것이 많아서 그런가 보다.

하나님이 당신의 백성을 반드시 살려내시고 악의 손에서 구해내신다는 이 사실이야말로 넘어지는 것마저도 은혜라는 역설을 가능하게 하는 대목이 아닐 수 없다.

고난도 기쁨도 함께

함께 재건

이 책은 세계를 덮친 코로나 19를 뚫고 교회와 그리스도인이 어떻게 다시 일어설 것인가를 생각하게 한다. '재건'이라는 단어. 이제는 자칫 국어사전에서도 사라져갈지 모를 저 단어를 나는 길거리 벽보며 내걸린 플래카드에서 보고 자랐다. 6·25전쟁의 폐허를 딛고 다시 일어서자는 일종의 정치적 슬로건이었는데 말과 글이 씨가 된 듯, 한국은 지금 기적적인 국가 부흥을 이루어냈다. 그 재건과 부흥은 저자가 이끌고 있는 서초동 사랑의 교회에서 현재 진행형이기도 하다.

우리나라의 크고 작은 교회들은 마치 수줍게 돌아앉은 여인처럼 거의 모두가 골목길 아니면 오르막에 자리하고 있다. 그런데 사랑의 교회는 대로변에, 그것도 한국 권부의 심장부라고 할 수 있는 검찰과 사법부가 들어선 기氣가 센 땅에 대각선으로 자리하고 있다. 그 유려하고 거대한 건축 또한 오며 가며 사람들의 질시를 받을 만큼의 위용을 보이고 있다. 건축물뿐 아니라 등록 교인만도 10만 명에 육박할 정도의 폭발적인 증가세를 보이고 있다. 특별 새벽기도 기간에는 그 일대의 교통이 마비될 정도다. 이처럼 쇠퇴해가는 한국 기독교세 속에서 유독 이곳은 젊은 에너지로 들끓고 있다. 그 속에서 이어지는 예배는 일종의 콘서트처럼 일사불란하고 예배 외에도 다양한 프로그램이며 직능별 활동들이 쉴 새 없이 계속되고 있다. 각종 기독 국제 행사며 전국 단위 교직자며 사모師母 세미나, 사경회 같은 것도 이 교회를 빌려 행해지고 있다.

그런 점에서 이 교회는 일개 교회를 넘어 한국 기독교의 한 공동체적 역할을 자임하고 있다. 이 큰 교회의 영적 리더인 저자는 내가 보기에 다소 이채롭다. 우선 그는 큰 교회의 담임 목사에게서 얼핏얼핏 보이는 범접하기 어려운 권위, 혹은 권위주의의 모습을 찾기 어렵다. '여기까지만'이라며 심리적 저지선을 그어놓고 사람을 가리는 것처럼 보이지도 않는다. 마치 작은 개척교회 목사처럼 한껏 열린 채로 "아무나 와도 좋소" 식이다. 더욱 놀라운 것은 숨 가쁘게 각종 예배와 집회를 주도하고 있지만 무겁거나 피곤에 지친 모습도 보기 어렵다는 점이다. 새벽 강단에서부터 펄펄 뛰며 끓어오르는데, 지금 막 그리스도와 사랑에 빠진 청년 같은 모습이다. 나는 이 부분이 참 신기했다. 한 집단을 이끌고 가는 리더일수록 양어깨를 짓누르는 고뇌의 무게가 표정에서도 그대로 드러나기 때문이다. 그리고 그 무거운 분위기는 교인들 사이에도 알게 모르게 번져간다. 그래서 권위의 차단벽을 칠 수밖에 없게 된다.

비단 목회 현장에서만 발견되는 경우는 아니다. 베를린필의 전설적 명지휘자 카라얀Herbert von Karajan은 단원은 물론 청중 앞에서 웃는 모습을 보인 적이 없다 한다. 그는 대리석, 혹은 절벽같이 차가운 모습으로 자로 잰 듯한 연주를 뽑아내는 음악의 요리사였다. 그리고 어떤 경우에도 인간적 틈을 보이지 않았다 한다. 오죽하면 생전, 단원 중 누구와도 홀로 식사한 적이 없었을 뿐더러 그가 화장실을 가는 모습을 본 단원도 없을 정도라고 할까. 연주가 끝나면 흔히 가벼운 포옹 등 연주자들과 나누는 최소한도의 스킨십도 없이 자가용 비행기를 타고 숲속 자기 집으로 돌아가곤 했다 한다.

저자인 오 목사는 그와 반대다. 무얼 하든 '함께'를 좋아한다. 함께 기도하고 함께 밥 먹기를 좋아한다. 그는 하나님을 사랑하면서 동시에 사람을 좋아한다. 하늘을 보고 있지만 땅을 밟고 서 있다는 증거일 것이다. 그를 보면서 나는 목회자의 첫 자질이야말로 권위에 앞서 사람을 좋아하고 사랑할 수 있어야 하는 것이 아닐까 생각하게 되었다. 하긴 우리의 스승 예수님께서도 사람 속에서 온갖 실망과 시달림을 당하셔서 지치고 피곤할 법도 하건만 아이들까지도 당신 곁에 오는 것을 금하지 말라 했을 만큼, 사람을 사랑한 분이셨다. 창녀, 병자, 세리까지도 그분은 가까이 했다.

환희의 종소리.

가자, 함께 가자. 함께 노래하고 함께 울며 함께 웃자.

언젠가 고인이 된 이어령 선생이 〈송화분분〉이라는 내 전시회의 축사에서 "화가가 생명의 아름다움을 보고 관조하는 것이 아니라 이제는 아예 생명의 바다에 풍덩 뛰어들었다"고 한 적이 있는데, 이 책의 저자 또한 들끓는 용광로 같은 사랑의 교회의 흐름 속에 풍덩 뛰어든 행복한 소년처럼 보일 때가 있다. 그리고 스스로 소화하기 벅찰 정도의 예배 스케줄을 짠다. 바라보기에도 숨 가쁠 만큼의 그 스케줄을 얼핏 즐기는 것처럼 보이기도 한다.

"설교와 새벽기도만 없다면 목사는 할 만한 직업"이라는 우스개가 있을 만큼 설교자는 설교 작성에 적지 않은 중압감을 느끼는 것이 사실이고 물론 그 또한 예외가 아니겠지만 강단에만 서면 풀어놓은 실타래처럼 설교, 기도, 찬송이 연속해서 쏟아진다. 그런 모습을 볼 때마다 스스로 즐기는구나 하는 확신을 갖게 되곤 한다.

나는 지금 200호 대작 여러 점을 놓고 씨름하고 있다. 하얀 화폭을 보면 처음에 살짝 엄습하는 것은 야릇한 공포다. 그리고 이어 설렘, 아드레날린이 혈관을 타고 붓으로 이어지면서 망아忘我의 경지에 빠져든다. 목회건 예술이건 스스로 즐기는 자는 아무도 못 당한다.

저자 오정현 목사는 "고난도 기쁨도 함께"를 내세운다. 따라가기 숨 가쁘지만 앞에서 뒤돌아보며 매번 어서 오라고 그토록 부르니 동행자가 될 수밖에.

내 영혼을 만지고 간 책들

4차원의 영성 조용기 | 교회성장연구소

GOD A. W. 토저 | 이용복 옮김 | 규장

가장 길었던 한 주 닉 페이지 | 오주영 옮김 | 포이에마

거짓 신들의 세상 티머시 켈러 | 이미정 옮김 | 베가북스

그 길에서 서성이지 말라 랜디 알콘 | 원혜영 옮김 | 디모데

기도 필립 얀시 | 최종훈 옮김 | 청림출판

기도는 전투다 C. 피터 와그너 | 명성훈 옮김 | 서로사랑

기쁨의 날개 친모이 | 김상환 옮김 | 솔과학

나는 사랑의 처형자가 되기 싫다 어빈 D. 얄롬 | 최윤미 옮김 | 시그마프레스

나는 천국을 보았다 이븐 알렉산더 | 고미라 옮김 | 김영사

나의 고통, 누구의 탓인가 옥한흠 | 도서출판 두란노

내 생의 마지막 저녁 식사 되르테 쉬퍼 | 유영미 옮김 | 웅진

넘어짐의 은혜 베스 모어 | 주지현 옮김 | 좋은씨앗

네 입에 건강이 있다 케네스 해긴 | 오태용 옮김 | 베다니출판사

당신의 끝은 하나님의 시작입니다 스티븐 브라운 | 주원열 옮김 | 아가페

라울전 최인훈 | 문학과 지성사

리얼 라이프 필 맥그로 | 이경식 옮김 | 문학동네

모든 것이 은혜다 브레넌 매닝 | 양혜원 옮김 | 복 있는 사람

모자람의 위안 도널드 맥컬로 | 윤종석 옮김 | IVP

사랑 그리고 마무리 헬렌 니어링 | 이석태 옮김 | 보리

사랑이 이긴다 랍 벨 | 양혜원 옮김 | 포이에마

사후생 엘리자베스 퀴블러 로스 | 최준식 옮김 | 대화문화아카데미

생각 사용 설명서 전현수 | 불광출판사

순전한 기독교 C. S. 루이스 | 장경철 · 이종태 옮김 | 홍성사

십자가 그늘에서 전성천 | 도서출판 동영사

아직도 가야 할 길 모건 스콧 펙 | 최미양 옮김 | 율리시즈

온 삶을 먹다 웬델 베리 | 이한중 옮김 | 낮은산

완전한 삶 디팩 초프라 | 구승준 옮김 | 한문화

우물을 파는 사람 이어령 | 두란노

월든 H. D. 소로 | 박현석 옮김 | 동해출판

인생의 궤도를 수정할 때 고든 맥도널드 | 홍병룡 옮김 | IVP

제국과 천국 브라이언 왈시 · 실비아 키이즈마트 | 홍병룡 옮김 | IVP

지금도 기적이 계속되고 있다 가이드 포스트 편 | 고광자 옮김 | 바울서신사

집으로 돌아가는 길 헨리 나우웬 | 최종훈 옮김 | 포이에마

창 루이스 더 볼 | 정낙천 옮김 | 키네마인

최고의 예술가이신 하나님 에디스 셰퍼 | 이상미 옮김 | 도서출판 두란노

침묵 엔도 슈사쿠 | 공문혜 옮김 | 홍성사

크리스천 무신론자 크레이그 그로셸 | 최종훈 옮김 | 비전북

하나님은 기도를 응답하신다 로자린드 고포드 | 황영철 옮김 | 생명의 말씀사

하나님이 이긴다 마크 갤리 | 김명희 옮김 | 포이에마

함께 재건 오정현 | 국제제자훈련원

행복 요리법 마티유 리카르 | 백선희 옮김 | 현대문학

헤븐 랜디 알콘 | 김광석 옮김 | 요단

현대인을 위한 죄 죽이기 존 오웬 | 최예자 옮김 | 프리셉트

내 영혼을 만지고 간 책들

1판 1쇄 인쇄	2022년 12월 7일
1판 1쇄 발행	2022년 12월 16일
지은이	김병종
펴낸이	백영희
펴낸곳	(주)너와숲
주소	08501 서울시 금천구 가산디지털1로 225 에이스가산포휴 204호
전화	02-2039-9269
팩스	02-2039-9263
등록	2021년 10월 1일 제 2021-000079호
ISBN	979-11-92509-25-9 03230
정가	18,000원

이 책을 만든 사람들

편집	허지혜
홍보	고유림
디자인	지노디자인
마케팅	배한일
제작처	예림인쇄